L'ART

DU

CONFISEUR.

L'ART
DU
CONFISEUR,

O U *Manière simple et facile de faire toutes sortes de confitures au four et à la poële, dragées, pastilles, fruits confits, gelées, fruits à l'eau-de-vie, syrops et glaces ; avec le procédé pour faire les pains d'épices d'Hollande, et quelques liqueurs fines les plus famées du Nord ;*

Avec trois Planches.

PAR LOUISE-AUGUSTE-B. UTRECHT,

Veuve de feu P. J. FRIEDEL,

en son vivant, Négociant et célèbre Confiseur à Berlin.

PRIX : trois francs, *franc de port,* pour toute la République.

Tout Exemplaire non signé est une Contre-action.

A PARIS,

Chez L'AUTEUR, rue Pastourelle, au Marais, au coin de la rue des Enfans-Rouges, maison du Cit. Dambrun ;

Et en commission, chez FUCHS, libraire, rue des Mathurins.

AN X. --- 1801.

DECRET

DE

LA CONVENTION NATIONALE,

Du 19 Juillet 1793, l'an II de la République française, relatif au droit de propriété des auteurs d'écrits en tout genre, compositeurs de musique, etc.

LA Convention nationale, après avoir entendu son comité d'instruction publique, décrète ce qui suit :

ART. Ier. Les auteurs d'écrits en tout genre, les compositeurs de musique, les peintres et dessinateurs, qui feront graver des tableaux ou dessins, jouiront, durant leur vie entière, du droit exclusif de vendre, faire vendre, distribuer leurs ouvrages dans le territoire de la République, et d'en céder la propriété en tout ou en partie.

II. Leurs héritiers ou cessionnaires jouiront du même droit durant l'espace de *dix ans* après la mort des auteurs.

III. Les officiers de paix seront tenu de faire confisquer, à la réquisition et au profit des auteurs leurs héritiers ou cessionnaires, tous les exemplaires des éditions imprimées ou gravées sans la permission formelle et par écrit des auteurs.

IV. Tout contrefacteur sera tenu de payer au véritable propriétaire, une somme équivalente au prix de trois mille exemplaires de l'édition originale.

V. Tout débitant d'une édition contrefaite, s'il n'est pas reconnu contrefacteur, sera tenu de payer au véritable propriétaire, une somme équivalente au prix de cinq cents exemplaires de l'édition originale.

VI. Tout citoyen qui mettra au jour un ouvrage, soit de littérature dans quelque genre que ce soit, sera obligé d'en déposer deux exemplaires à la bibliothèque nationale, ou au cabinet des estampes de la République, dont il recevra un reçu signé par le bibliothécaire ; faute de quoi il ne pourra être admis en justice pour la poursuite des contrefacteurs.

VII. Les héritiers de l'auteur d'un ouvrage de littérature ou de gravure, ou de toute autre production de l'esprit ou du génie, qui appartient aux beaux arts, en auront la propriété exclusive pendant dix années.

Collationné à l'original, par nous président et secrétaire de la Convention nationale. A Paris, le 24 juillet 1793, l'an second de la République française.

Je place le présent ouvrage, dont les deux exemplaires ont été déposés à la bibliothèque nationale, sous la protection de la loi et sous la probité des citoyens. Je déclare que je poursuivrai devant les tribunaux tout contrefacteur ou débitant d'une contrefaçon, et je promets à celui qui me dénoncera une contrefaçon, la moitié de la somme de dédommagement que la loi m'accorde.

PRÉFACE.

L'ouvrage que je donne au Public est le fruit d'une expérience de 18 années, que j'ai acquise dans un laboratoire de Confiseur très-considérable, dont j'ai été propriétaire dans mon pays. Les événemens du temps m'ayant forcé d'entrer dans la carrière littéraire, et mes premières productions ayant été favorablement accueillies du Public, dont la flatteuse indulgence a toujours encouragé mes travaux, j'ai cru ne pouvoir mieux lui témoigner ma reconnaissance qu'en lui communiquant les connoissances que j'ai acquises dans la pratique de l'Art du Confiseur.

Pourrais-je écrire cet Ouvrage sous de plus heureux auspices! Graces à l'Être suprême et au grand génie du Héros sauveur de la France, nous avons la Paix générale! Heureux événement! que de douces espérances tu fais naître! que tes résultats seront bienfaisans! L'industrie et le commerce deviendront plus florissans qu'ils ne l'ont jamais été; et, entr'autres, le commerce de confitureries reprendra en France sa première splendeur: il se fera, comme par le passé, des envois considérables de cette marchandise à l'étranger, psrce qu'elle est mise au nombre des besoins de seconde nécessité; et c'est avec raison, parce qu'on considère comme très-salutaires les effets des fruits à l'eau-de-vie des différentes espèces de syrops et des semences sucrées. Maintes personnes qui ont une aversion décidée pour tous les médicamens ordinaires, les prennent avec plaisir des mains du confiseur, qui sait les déguiser sous une forme et un goût agréables. Combien de malades ont été soulagés par une bonne gelée !.... (*) Cependant je n'entends parler que de ces confitures, qui ont été préparées d'après des principes sûrs et bons : car, en cas contraire, ces mêmes alimens seroient d'un effet très-nuisible, et souvent dangereux pour la santé.

C'est donc rendre un service essentiel aux Artistes commençans, que de leur présenter un Manuel dans lequel ils pourront puiser des principes fondés sur l'expérience, de la manière la plus sûre et la plus avantageuse, pour faire ces sortes de marchandises : même des Artistes bien expérimentés pourront trouver dans le grand nombre de recettes qu'il renferme, quelques préceptes qui ne leur sont pas encore connus. Tel sera, par exemple : le procédé pour faire les pains d'épices d'Hollande, article intéressant et peut-être précieux pour quelques-uns, parce que cette marchandise donne un bénéfice considérable. D'autres me sauront gré de mes observations sur les syrops, et la manière de rétablir ceux qui se sont altérés. Je n'ai épargné aucune peine pour faire ce traité, aussi utile qu'il étoit suscepsible : toutes les opérations y sont décrites avec précision et clarté. Là où la langue ne me paroissoit pas suffisante pour me faire comprendre, j'ai ajouté des figures ; et j'espère que le public me pardonnera, en cette considération, quelques négligences du style. J'ai fixé d'ailleurs les doses

---

(*) Je parle sur-tout de la gelée de corne de cerf, selon moi, la plus délicieuse et la plus salutaire de toutes, et qui est ordonnée avec raison par tous les médecins de l'Allemagne à leurs malades. J'en donne la recette, page 67.

avec une exactitude qui me mettra à l'abri de tout reproche ; de manière que ceux qui liront avec attention, et suivront avec exactitude mes préceptes, ne seront jamais mécontens de leur travail, et j'en garantis le succès infaillible.

Artistes ! ne vous imaginez pas que j'aie voulu nuire à votre fortune ! Loin de moi cette intention ; elle ne fut jamais dans mon caractère. Contribuer aux progrès et au perfectionnement de notre Art, voilà mon but, qui sera certainement aussi le desir de tous les vrais Artistes. Propager des connoissances, c'est exciter l'émulation, et rien ne contribue plus qu'elle au progrès de l'art : l'émulation, réunie à l'expérience, sont des flambeaux, à l'aide desquels tout s'éclaircit, tout devient lumineux, tout se perfectionne. L'homme industrieux, actif et probe, et, en un mot, le vrai Artiste, se distinguera toujours de la foule ; il aura les suffrages du public, et ne manquera pas d'augmenter sa fortune ; tandis que le négligent et le falsificateur, ennemis de la lumière et des progrès de l'art, resteront toujours dans l'obscurité, et s'exposeront à la misère. --- Si l'Envie, sortant de son repaire ténébreux, cherche à dénigrer mon ouvrage, je la regarderai avec tout le mépris qu'elle mérite.....

Mais si, au contraire, cet ouvrage atteint le but que je me suis proposé, s'il est d'une utilité réelle à un petit nombre d'hommes laborieux, s'ils daignent se ressouvenir avec reconnoissance de son Auteur, alors je me trouverai richement récompensé de toutes les peines qu'il m'a coûté, et je compterai les heures que j'ai consacrées à l'écrire, comme les plus heureuses de ma vie!!!

Et vous, jeunes Artistes laborieux, qui avez la

louable intention d'augmenter vos connoissances et de travailler pour le bien de votre famille, sans tromper vos concitoyens, puisse cet ouvrage vous être aussi utile que je le desire ! -- Puisse aussi la situation heureuse de la France, ouvrir à tous les hommes laborieux une carrière libre, pour donner à leur industrie et activité toute l'extension qu'ils desirent, afin d'augmenter leur fortune par des moyens honnêtes, et être utiles à la société en général : ils goûteront déjà dans ce monde la douce récompense de leur activité ; *l'Honneur et la fortune !*

Paris, le 12 Brumaire an X de la République Française.

VEUVE **FRIEDEL.**

DES CONFITURES AU FOUR.

Prenez une livre d'amandes douces, jettez-les dans l'eau bouillante, mais hors du feu, et laissez-les y tremper jusqu'à ce que la peau puisse s'en séparer facilement ; versez-les pour lors pendant quelques minutes dans l'eau fraîche, ensuite épluchez-les, et après les avoir lavées dans l'eau fraîche, vous les mettrez sur une serviette pour les faire sécher pendant 24 heures. Le lendemain, vos amandes étant bien sèches, vous en mettrez une bonne poignée dans un grand mortier de marbre ; écrasez-les, mais pas long-tems, afin qu'ils ne donnent point d'huile : étant écrasées, vous verserez dans votre mortier et sur vos amandes, un blanc d'œuf, que vous séparerez avec précaution du jaune ; pilez et remuez bien vos amandes avec le blanc d'œuf, afin de les réduire en pâte très-fine. Si cette pâte est trop sèche, vous y ajouterez encore un blanc d'œuf. Cette première poignée d'amandes étant réduite à une pâte déliée, et de manière qu'on n'apperçoive aucun fragment d'amandes, vous retirez cette pâte du mortier ; versez-y une seconde poignée d'amandes, que vous pilerez avec un ou deux blancs d'œuf comme la première ; continuez ainsi peu-à-peu, jusqu'à ce que toutes vos amandes soient réduites en pâte. Prenez ensuite pour cette livre d'amandes 2 livres de sucre blanc, [je vous conseille de ne prendre que du sucre royal, vos macarons recevront par-là un plus bel aspect et goût, et devenant plus hauts, augmenteront en conséquence de poids] ; votre sucre étant pilé et tamisé très-fin, vous le mettrez avec la totalité de votre pâte d'amande dans le mortier ; ajoutez-y l'écorce rapée de deux citrons, remuez bien le tout avec le pilon, en versant l'un après l'autre autant de blancs d'œufs qu'il faut pour que la pâte soit assez déliée, pour que vous puissiez en mettre des morceaux sur du papier sans qu'ils s'y étendent trop. Je ne peux désigner précisément la quantité de blancs d'œufs qu'on doit employer ; si les œufs sont grands et pleins, il n'en faut qu'environ 12 ou 15 ; mais s'ils sont petits, et par la chaleur de l'été devenus vides, il en faut 16 à 18 pour une livre d'amandes. Un peu d'expérience vous mettra au juste, mais je le répète, il ne faut pas que la pâte soit assez mince pour couler, vos macarons recevroient par-là un aspect peu agréable et seroient fort minces. Votre pâte étant faite comme il

A

faut, vous prendrez une règle de bois dur, longue d'un pied environ, et de la largeur de deux doigts ou d'un bon pouce : à un bout de cette règle vous pouvez faire un manche, pour pouvoir tenir votre règle plus commodément. Mettez de votre pâte sur cet instrument, de la hauteur de deux doigts ou environ ; repassez cette pâte sur les deux côtés avec un couteau, afin de l'empêcher de tomber en bas, ensuite nettoyez votre couteau, mettez devant vous, sur une table, plusieurs feuilles ou demi-feuilles de papier blanc, prenez votre règle avec la pâte dans la main gauche, le couteau avec la droite, et coupez de cette pâte et sur la règle, avec le couteau, des morceaux oblongs, que vous mettrez les uns à côté des autres obliquement sur le papier : chacun de ces morceaux sera de l'épaisseur d'un doigt, et doivent être éloignés l'un de l'autre d'un pouce et demi, parce que devenant plus larges au four, ils se joindroient ensemble si l'on ne prenoit pas cette précaution. [Voyez la première planche, fig. 1.] Si-tôt que latotalité de votre pâte d'amandes sera dressée sur le papier en forme de macarons, vous les mettrez sur une platine de fer au four, à la chaleur modérée, dans lequel ils doivent frire lentement pendant trois quarts d'heure, même une heure.

Fig. 1. pl. 1.

NOTA. Les macarons demandent beaucoup de circonspection. On observera sur-tout scrupuleusement les trois points suivans : 1.º Les amandes avant d'être pilées doivent être parfaitement sèches, ainsi que le mortier : 2.º Prenez bien garde qu'il ne tombe ou se mêle du jaune d'œuf avec le blanc que vous verserez sur votre pâte : une seule petite goutte de jaune d'œuf gâteroit la totalité de votre pâte à macarons, de manière que ceux-ci au lieu de monter, tombant dans le four, deviendroient minces et diminueroient de poids et de beauté. Pour éviter cet accident, ouvrez chaque œuf avec précaution au-dessus d'une assiette ou tasse, etc., regardez et sentez, si l'œuf est bien frais, sans aucune mauvaise odeur, et s'il n'est pas coulé ensemble; l'ayant trouvé en bon état, vous l'ouvrirez et verserez avec précaution votre blanc d'œuf dans l'assiette ou dans la tasse, et dans le cas seulement où votre blanc seroit pur et sans aucun mélange de jaune, vous pourrez le verser de l'assiette dans le mortier sur vos amandes. 3.º La chaleur du fourneau dans lequel vous voulez faire cuire vos macarons ne doit être que modérée : il n'y a guères de chose plus combustible que l'amande et le sucre. La négligence à cet égard seroit

Observation sur les Macarons.

Macarons doux.

cause que la surface de vos macarons brûleroit, pendant que le milieu ne seroit encore que pure pâte. Pour obvier à ce danger, et pour pouvoir confier avec toute sûreté votre marchandise au four, je vous conseille de dresser un ou deux macarons d'épreuve sur une petite feuille de papier, et de les mettre pendant trois quarts d'heure dans le four. Ce tems expiré, vous retirerez ces deux macarons du four : s'ils ne sont pas brûlés, mais d'un beau jaune, vous jugerez que la chaleur est au degré convenable ; s'ils ne sont noirs qu'au fond, où ils ont été placés sur le papier, c'est un signe que la chaleur d'en bas est plus forte que celle d'en haut, mais cela ne fait rien ; vous n'aurez qu'à mettre sur la platine de fer, et sous la feuille sur laquelle vous avez dressé vos macarons, deux ou trois autres feuilles de papier, qui empêcheront que votre marchandise ne se brûle par en bas. Il est aussi bon à observer que vous ne devez dresser vos macarons sur le papier, qu'après avoir fait l'épreuve de la chaleur du four, et si-tôt qu'ils sont dressés, il faut les mettre au four, pour ne les retirer qu'après trois bons quarts d'heure. Etant cuits, vous ne les détacherez du papier qu'après être refroidis.

Prenez une livre d'amandes amères, quatre onces d'amandes douces, deux livres et demie de sucre, et environ 20 blancs d'œufs, et suivez le procédé indiqué ci-dessus : au lieu d'être longs, il faut les dresser ronds, ensuite on les cuit avec la même précaution.

Faites la pâte d'amandes douces dans la même quantité d'ingrédiens et selon le procédé que j'ai indiqué à la première recette, puis mettez 4 onces de chocolat sur une platine de fer blanc, échauffez-là sur un feu de charbon, afin d'amollir et de faire fondre le chocolat ; mettez pour lors votre chocolat sur une assiette, ajoutez-y une ou deux cuillerées de votre pâte d'amandes, et remuez-le bien avec une cuillière, ensuite versez ce mélange dans le mortier sur la totalité de votre pâte d'amandes, remuez-là fortement, après avoir versé dessus soit une cuillerée de canelle réduite en poudre impalpable, ou une petite cuillerée de vanille, ou enfin toutes les deux drogues ensemble, selon votre goût ; étant bien mêlée avec le pilon, vous en dresserez des macarons en forme oblongue ou ronde si vous voulez, sur du papier, et faites-les frire comme les macarons doux.

Macarons aux épices. Prenez une livre d'amandes douces et deux livres de sucre, faites-en la même pâte comme il est décrit à la première recette; la pâte étant d'ailleurs toute faîte, vous-y ajouterez les aromates ci-après : une cuillerée de canelle fine en poudre, 6 à 8 clous de girofle réduits en poudre impalpable, des écorces d'oranges confites au sucre, et du citronnat, hachées très-fines, de chacun une cuillerée, et l'écorce jaune rapée de deux beaux citrons : mêlez exactement toutes ces aromates avec votre pâte d'amandes dans le mortier, puis dressez-les longues comme les macarons doux, et faites-les frire avec la même circonspection.

Tarte aux macarons d'épices. Pour faire une *Tarte aux macarons d'épices*, vous collerez plusieurs feuilles d'oublie ensemble avec de l'eau, jusqu'à ce que vous ayez une feuille assez grande pour votre dessein : ensuite prenez un plat grand ou petit selon la grandeur que vous voulez donner à votre tarte, mettez-le sur votre feuille d'oublie et coupez avec un couteau ce qui sort de la circonférence de votre plat ; enlevez ce plat et mettez la feuille d'oublie, qui sera ronde et grande comme le plat, sur une feuille de papier : enduisez cette feuille d'oublie avec la pâte décrite ci-dessus, de l'épaisseur d'un bon doigt, mettez-là au four, et faites-là frire brun clair. Pendant qu'elle est au four, faites cuire une petite quantité de sucre, p. ex. 4 à 6 onces dans une poële à confiture avec de l'eau de fleur d'orange, jusqu'à ce qu'en trempant l'écumoire dans votre syrop et le remuant fortement en l'air, le sucre en sorte en petites bouteilles très-élevées. Votre tarte étant assez cuite, vous la retirerez du four et l'enduirez, ou plutôt vous verserez votre sucre abondamment dessus : remettez-là au four pour quelques minutes, afin que le sucre sèche et ressemble à une couverture de glace ; retirez votre tarte pour lors du four, et mettez-là sur une grande assiette.

Cette tarte est pour l'odeur et pour le goût une des plus délicates qu'on puisse avoir.

Macarons remplis. Prenez de la pâte aux amandes douces, [**Voyez** la première recette.], dressez-en des macarons ronds sur de l'oublie ; étant tous dressés, vous ferez, au moyen d'un petit bâton rond de la grosseur d'un doigt, un creux au milieu de chaque macaron, ensuite mettez-les au four et faites-les frire selon l'art, jusqu'à ce qu'ils soient jaunes et durs, retirez-les pour lors du four, et remplissez le creux que vous avez fait au milieu de chacun de vos macarons, avec des framboises ou des cerises confites, ou avec une gelée quelconque ; au lieu de détacher vos macarons de l'oublie, vous le couperez autour de chaque macaron avec des ciseaux.

Coupez d'une ou de plusieurs feuilles d'oublie des plats ronds, de la grandeur que vous destinez à votre tarte : mettez-les ensuite sur une feuille de papier, et enduisez votre fond d'oublie avec de la pâte aux macarons doux, [Voyez la première recette.], de l'épaisseur d'un dos de couteau ; cela fait, vous remplirez la règle avec de la pâte, et mettrez sur les bords de votre fond enduit, une bordure de macarons oblongs , puis mettez des lignes ou raies horizontales et diagonales des pareils macarons , dont chacune soit éloignée de deux ou trois doigts de l'autre , observez bien que tous les macarons se doivent toucher ensemble avec les pointes. [Voyez la première planche fig. 2.] La tarte doit ressembler à un treillis. La figure ci-jointe vous expliquera cet appareil beaucoup mieux que la meilleure description. Votre tarte étant dressée de cette manière, mettez-là sur une platine de fer au four , et faites-là cuire selon l'art pendant trois quarts d'heures avec la même précaution que les macarons communs. --- Après cet espace de tems, retirez votre tarte du four, et garnissez-là élégamment dans les trous quarrés avec toutes sortes de fruits confits au sucre, comme cerises, mirabelles, abricots, framboises, etc. [Voyez la première planche, fig. 3].

J'ai déjà dit que l'on ne doit prendre pour les macarons et les tartes aux macarons, que le blanc d'œuf. Mais comme il y a des tems ou les œufs sont fort chers, p. ex. en hiver, vos macarons vous coûteroient fort chers s'il falloit rejetter comme inutiles les jaunes d'œufs ; pour n'avoir point de dommages, et pour utiliser encore vos jaunes, il faut faire les *pâtisseries jaunes aux amandes* à la manière suivante :

Prenez, selon la quantité plus ou moins considérable de jaunes d'œufs que vous avez, une ou deux livres d'amandes douces, versez-les dans l'eau bouillante et épluchez-les ; après avoir été lavées dans l'eau froide et sèchées, vous les pilerez dans un mortier de marbre avec vos jaunes d'œufs, jusqu'à ce qu'elles soient devenues une pâte très-fine, mais assez ferme ; ajoutez-y ensuite pour chaque livre d'amandes , une livre de sucre pilé très-fin, et l'écorce rapée de deux citrons ; pétrissez bien la pâte avec les mains sur une table que vous aurez eu soin de poudrer avec du sucre. Formez ensuite de cette pâte toutes sortes de petites figures, p. ex : des petits craquelins , fleurs de lys, du trefle, des petits pains, des quarrés ou enfin telles figures qu'il vous plaira , et dont chacune soit de la grandeur et poid du macaron environ. Rangez ces figures ou pâtisseries sur du papier blanc et sur une platine de fer, et faites-les frire dans un fourneau qui ne soit trop chaud. Si vos pâtisseries sont d'un jaune foncé, vous les jugerez assez cuites, et vous les retirerez pour-lors du four. — Voulez-vous embellir encore ces confitures ? — faites cuire du sucre avec de l'eau de fleur d'orange jusqu'au degré qu'on nomme à la forte plume ; et les confitures étant retirées du four et encore chaudes, vous les enduirez au moyen d'un pinceau avec ce syrop, elles recevront par-là une odeur et un goût très-agréables , et peuvent alors être appelées à la glace. Étant refroidies, vous les détacherez du papier pour les mettre en bocaux de verre. L'on peut faire aussi de cette pâte les confitures à la seringue. Mais il faut avoir pour cela une seringue de trois quarts de pied de long et de la grosseur d'un moyen bras. La construction de cette machine diffère un peu des seringues ordinaires. (Voyez la première planche fig. 4 et 5.] Le tuyau *a* doit être en deux morceaux réunis avec une vis, afin de pouvoir nettoyer bien exactement l'intérieur après le travail, il faut qu'il y ait dans l'intérieur, en haut, une cheville ou bague en bois, afin d'y mettre un médaillon de cuivre [fig. 14], sans qu'il puisse tomber plus dans l'intérieur de la seringue : *b* est comme une bouche à trompette munie d'une vis pour la pouvoir joindre au tuyau , et dans lequel se trouve une pareille bague, pour empêcher que la plaque de cuivre ne tombe en dehors, de manière que cette médaille est arrêtée entre deux bagues. Cette médaille [fig. 14] est de cuivre, de la grandeur d'un écu de six francs , percée au milieu d'un trou en forme d'une étoile. Le bouchon *c* doit être muni d'un bouton large et rond *d* , afin qu'il incommode moins votre poitrine. On voit dans la planche 1 [fig. 4] cet instrument monté et coupé perpendiculairement pour faciliter l'inspection du dedans : la figure 5 montre cette seringue vue en face. *e* est la pâte qui sort du trou de la médaille en forme d'une saucisse frisée, par suite du poussement du bouchon *c*. — Ayant un instrument tel que nous l'avons décrit, roulez votre pâte d'amandes avec les mains ; mettez-là dans la seringue, mais que le tiers au moins en demeure vide : mettez le bouchon dedans, le bouton *d* sur votre poitrine ; prenez votre seringue par l'ouverture large *b* avec les mains, et tirez-là fortement vers votre poitrine, afin que la pâte sorte de la seringue en forme d'une longue saucisse rayée. La pâte étant toute sortie de la seringue, formez-en avec la main et la pointe d'un couteau des petites guirlandes, cœurs, etc.; mais touchez le moins possible la pâte ou ces figures avec la main, afin de n'en point gâter la frisure : étant toutes dressées comme il faut, rangez-les sur une feuille de papier que vous mettrez sur une platine de fer-blanc au four, pour les faire frire comme les précédentes.

NOTICE GÉNÉRALE POUR LES CONFITURES.

L'ordre et l'économie doivent déjà être les qualités de chaque homme de probité ; mais ces vertus sont indispensables à un négociant et confiseur. Celui qui possède un laboratoire et commerce de confiseur, aura beaucoup de rebut , soit de sucre, poudre, etc., qui sont restés après le travail sur la table, la poële, le mortier . etc. Lorsqu'on dresse et cuit des macarons , biscuits et autres pâtisseries sur du papier, il en reste toujours quelque chose sur le papier, après que les pâtisseries en ont été détachées ; mainte confiture se brise pendant cette manipulation en morceaux, mainte de vos marchandises se gâteront dans le magasin ou boutique, soit par l'âge, imprudence, ou d'autres accidens ; tous ces rebuts causeroient dans la longueur du temps une perte considérable au marchand , s'il ne trouvoit pas des moyens d'employer ces marchandises avaries. Pour faire du bien aux hommes actifs et économes, je donnerai dans le cours de cet ouvrage une instruction, comment il faut faire non-seulement pour ne pas éprouver une pareille perte, mais encore pour tirer beaucoup de profit de tous ces rebuts en les métamorphosant en confitures ou pâtisseries fines et très-agréables au goût. En attendant , je vous conseille d'avoir toujours dans votre laboratoire comme dans le magasin, des boîtes, dans les quelles vous conserverez et recueillerez tout le rebut en sucre, poudre, etc., comme les émorcelures de sucreries et pâtisseries de toute espèce. Les macarons , biscuits et autres pâtisseries qui ont été dressés sur du papier, y étant détachés, vous gratterez et nettoyerez bien ces papiers au moyen d'un couteau, verserez la raclure dans la boîte, et conserverez le papier qui peut servir de cette manière plusieurs fois pour dresser et frire des confitures dessus. En suivant ce conseil, vous verrez qu'au bout d'un certain temps, vous aurez une partie considérable de rebut dans vos

Notice p. les Confitures.

boites , de l'emploi duquel je parlerai plus amplement dans la suite , sous le titre de confitures brunes.

Morceaux ou montagnes d'amandes. Prenez une demi-livre d'amandes douces, fendez - les en morceaux longs et minces , et grillez-les sur une pla- tine, au four ou sur un feu de charbon, jusqu'à ce qu'ils soient d'un jaune foncé tirant sur le brun : cela fait ; battez 6 à 8 blancs d'œufs dans une terrine avec une cuiller pendant quelques minutes ; versez ensuite par-dessus vos amandes grillées une livre de sucre en poudre, 4 onces d'écorces d'oranges confites au sucre, et autant de citron- nat, coupés tous deux en petits morceaux longs et min- ces , une demi - cuillerée de canelle fine en poudre , et 6 à 8 cloux de girofle, réduits de même en poudre fine ; mêlez bien le tout ensemble dans votre terrine ; dressez avec cette pâte des petits monceaux ronds et pointus sur du papier, et faites les frire au four à une bonne chaleur.

Coupeaux d'amandes. Prenez une demi-livre d'amandes douces, épluchez-les selon l'art , pilez-les dans un mortier de marbre avec 3 à 4 blancs d'œufs à une pâte très-fine ; ajoutez alors 6 onces de sucre en poudre et l'écorce rapée d'un citron ; le tout étant bien mêlé ensemble, versez par-dessus 4 cuillerées ou moitié d'une tasse à café d'eau de fleurs d'orange ; remuez encore une fois votre pâte qui doit être un peu, mais pas trop claire ; mettez ensuite cette pâte par cuillerées pleines en forme ovale et longue de 3 ou 4 pouc. sur une platine de cuivre poli ; la platine étant remplie , vous la prendrez avec les deux mains pour la frapper sur une table, afin que les coupeaux de pâte s'étendent un peu, mais pas trop, de peur qu'ils ne deviennent trop minces ; si-tôt que chacun de ces coupeaux ovales aura la largeur de 3 doigts, cessez de frapper ; mettez-les pour lors au four pour les faire frire à une bonne chaleur. Ayant contracté une couleur de jaune tirant fortement sur le brun, vous les retirerez du four ; séparez-les de suite avec un grand couteau de la platine, et mettez-les encore tous chauds sur un bois rond de la grosseur d'un bras, et 2 à 3 pieds de longueur ; pressez vos coupeaux d'a- mandes un peu avec la main sur la surface du bois, afin de les courber ; et lorsqu'ils seront un peu refroidis sur le bois, vous les mettrez dans une boîte pour les conserver dans un lieu sec. — Il est à observer que ces coupeaux d'amandes sont très-fragiles.

Coupeaux aux citrons. Prenez une demi-livre de sucre royal, pilez-le dans un mortier, et passez-le par un tamis de soie ; avant de le le piler, prenez le plus gros morceau de votre sucre, et frottez-le de tous côtés avec un beau citron ; grattez ensuite l'écorce jaune du citron adhérente à votre sucre, avec un couteau sur un papier. Mettez alors votre sucre pilé et tamisé dans une terrine de fayance ; ajoutez-y le blanc d'un œuf, le suc de deux citrons, et la raclure jaune du sucre au citron ; remuez bien le tout avec une cuiller ou spatule de bois : la pâte doit être liquide, mais pas trop claire. La meilleure épreuve est la suivante : prenez un morceau d'oublie, enduisez-le avec un peu de votre pâte de la grosseur d'un dos de couteau : si cette pâte se laisse étendre aisément comme du miel avec un couteau sur l'oublie, et si immédiatement après elle devient luisante, alors la pâte sera à la consistance requise ; mais si elle coule, c'est un signe qu'il manque encore du sucre : si après avoir été étendue elle restoit roide et sans aucun lustre, il faudroit ajouter encore du suc de citron. (Quelquefois la roideur vient de ce que ce sucre n'est pas pilé et tamisé assez fin , ce qui nuit à la beauté de la marchandise ; si vous jugez que votre pâte n'est pas assez jaune , il faudra y verser quelques gouttes de teinture ou infusion de safran, mais en très-petite quantité, et que cette teinture soit bien clarifiée.) Si votre pâte est telle que vous la souhaitez, étendez-la avec un couteau sur de l'oublie ; ensuite coupez votre oublie en tablettes ou morceaux, chacune d'un pouce de longueur sur un demi-pouce de largeur ; dans le milieu de chacun de ces morceaux, mettez une tablette de chocolat poudrée à la nomparreille ; cela fait, prenez une pelle rouge et tenez-la à une très-petite hauteur, aussi près que vous pourrez sur elles, sans brûler vos coupeaux : par cette manœuvre, elles sècheront sur-le-champ et recevront un beau lustre. Retournez ensuite vos coupeaux, enduisez-les aussi pièce par pièce sur le côté blanc avec une couverture de votre pâte à citron, et sèchez-les ensuite avec la pelle rouge comme le premier côté, mais vous ne mettrez pas sur ce côté les tablettes au chocolat. Ces coupeaux au citron se conserveront dans des bocaux de verre et dans un lieu sec.

Faites une pâte au citron tout-à-fait semblable à la précédente ; étendez-en de la même manière sur une ou plusieurs feuilles d'oublie, afin que la couverture de pâte soit épaisse d'un dos de couteau. Au lieu de la couper en tablettes, vous la trancherez avec un couteau pour former des rayes ou coupeaux de toute la longueur de votre feuille d'oublie et larges d'un doigt et demi ; prenez

Coupeaux aux citrons à une autre manière.

B

ensuite de ces tranches, mettez-les l'une après l'autre en travers sur le milieu d'un couteau, et tenez ce couteau avec la tranche d'oublie pendant quelques minutes sur un feu de charbon, mais pas trop près, de peur que le sucre, au lieu de sécher, ne se fonde et tombe dans le feu. Après quelques instans, vous verrez la tranche d'oublie se courber fortement et sécher : retirez-la pour lors du couteau pour la mettre dans une boîte ; courbez de cette manière toutes les tranches l'une après l'autre, et conservez-les dans un lieu sec.

Carreaux au citron.

Sucre à la neige.

Prenez quatre onces d'amandes amères, pelez-les selon l'art, et écrasez-les dans un mortier de marbre avec le blanc de quatre œufs ; réduisez le tout en pâte extrêmement fine, de manière qu'on ne découvre aucun fragment d'amandes ; mêlez alors une livre de sucre royal en poudre très-fine, et 5 à 6 blancs d'œufs avec cette pâte ; remuez bien le tout ensemble ; prenez bien garde de faire entrer du jaune d'œuf dans votre pâte, et de la faire trop déliée ou humide ; elle doit être dans une consistance assez ferme pour que vous la puissiez pétrir sans qu'elle s'attache aux mains. Partagez cette pâte en deux parties ; coloriez l'une en rouge, soit avec du *bolus armenicum* préparé, ou avec de la cochenille, et parfumez-la avec quelques gouttes d'huile essentielle de rose ou de bergamotte, que vous pétrirez bien avec cette partie de votre pâte que vous destinez à être rouge. Quand à l'autre moitié de votre pâte, elle doit rester blanche : pour l'aromatiser, frottez l'écorce jaune de deux beaux citrons sur un morceau de sucre royal un peu grand, afin que l'écorce se transporte des citrons au sucre : cela fait, vous gratterez avec un couteau tout ce jaune qui est adhérent au sucre, sur un papier ; pilez cette raclure dans un petit mortier, et pétrissez-la bien dans la moitié blanche de votre pâte : ensuite, roulez votre pâte blanche avec un rouleau de bois jusqu'à ce qu'elle soit devenue comme une grande feuille de l'épaisseur d'un demi-doigt, ayant soin de poudrer la table, sur laquelle vous la roulez, avec du sucre en poudre très-fine : votre pâte étant roulée comme nous venons de le dire, tranchez-en avec un coupe-pâte de fer-blanc (dont nous parlerons ci-après) de petites figures d'un et demi ou deux pouces de diamètre ; rangez ces figures l'une à côté de l'autre sur du papier blanc que vous mettrez sur une platine de fer-blanc, et ensuite au fourneau, où il faut les faire frire à une chaleur modérée pendant une demie ou trois quarts d'heure. Vous roulerez et percerez la pâte rouge de la même manière que la blanche, et vous mettrez vos confitures des deux couleurs en même-temps au four.

Nota. Il faut bien se garder de les mettre à une chaleur trop forte, et ne pas les laisser trop long-temps au four : sitôt que les figures en pâte blanche commenceront à tirer un peu sur le jaune, il faudra les retirer du four avec les rouges. Lorsqu'elles seront refroidies, vous les détacherez du papier. Ces figures en sucre à la neige que vous n'aviez mises au four que de la hauteur ou épaisseur d'un demi-doigt, seront montées, en sortant du four, jusqu'à la hauteur de 3 doigts.

Les coupe-pâtes dont nous avons parlé plus haut, doivent être faits de fer-blanc, de la hauteur de deux doigts de travers, et de la circonférence d'un empan, ou du diamètre d'un pouce et demi. (Voyez la pl. 1 fig. 6.) Ces perçoirs, ou coupe - pâtes, seront par en haut (*a*) un peu plus larges qu'en bas, on aura soin aussi de les faire munir en haut (*a*) d'un rebord, afin d'y pouvoir poser la main sans se blesser : par la raison contraire, ils doivent être aigus en bas, (*b*) afin qu'étant posés sur la pâte roulée, et empreints avec la main, il puissent trancher dans la pâte , et y séparer telle figure que vous aurez donnée à votre perçoir. J'ai tracé quelques-unes de ces figures sur la première planche, [Voyez fig. 7, 8, 9, 10, 11 et 12.] et dont la grandeur est précisément d'un tiers de la véritable, c'est-à-dire, que les figures de votre sucre à la neige doivent être exactement trois fois plus grandes que celles dessinées sur la planche. Si vous voulez, vous pouvez aussi teindre une troisième partie de la pâte en bleu avec de l'indigo.

Prenez une demi-livre de sucre royal, pilez-le fin, et passez-le par un tamis de soie ; puis, prenez douze œufs, mettez-en les blancs dans une poële à confiture, et les jaunes dans une terrine de fayance : fouettez avec un balai d'ozier ou de bouleau, les blancs d'œufs dans la poële à confiture pendant une demie heure, et jusqu'à ce que vos blancs d'œufs soient réduits à une neige très-épaisse ; versez pour lors vos jaunes d'œufs et ensuite ce sucre dans la poële sur la neige : remuez-le tout doucement ; mettez votre poële sur un réchaud rempli d'un petit feu, et continuez de fouetter le mélange pendant une grosse demi-heure : si après ce temps, ce qui coule du balai forme un petit monceau ou globule qui reste

B 2

Petits bis-
cuits aux
biscotins.

quelque temps debout sans s'étendre, vous jugerez que le mélange sera assez long-temps fouetté à chaud ; retirez-le pour-lors du feu ; il ne faut pas que le feu soit trop vif ; il suffit que le mélange soit chaud, sans bouillir. Etant retiré du feu, vous continuerez de fouetter jusqu'à ce qu'il soit refroidi. Ajoutez-y alors une demi-livre de fleur de farine tamisée ; remuez le mélange bien doucement avec une spatule de bois. La masse se trouvant prête à être dressée, prenez un entonnoir, dont l'orifice inférieur du tuyau soit assez grand pour pouvoir mettre votre pouce dedans : fermez cette orifice avec un bouchon de liège. Remplisez votre entonnoir avec de la pâte, et dressez les biscotins à la manière suivante : coupez une partie de feuille de papier blanc par moitiés, et mettez les devant vous sur une table. Débouchez l'entonnoir, mettez, ou plutôt frappez-le sur une demi-feuille de papier avec le tuyau débouché, pour former la globule a.

Pl. 2, fig. 13. [Voyez pl. 1 fig. 13.] tirez-le delà un peu vîte, et frappez-le sur le côté e afin d'y former une seconde globule pareille à la première, et qui soit liée à l'autre par le milieu plus étroit b. En frappant sur c, il faut en même-temps détacher le tuyau de l'entonnoir de ce biscotin pour commencer un second biscotin, puis un troisième, etc., jusqu'à ce que la première demi-feuille de papier soit remplie. Remettez alors le bouchon dans le tuyau, pour empêcher la pâte de couler dehors, pendant que vous mettrez à côté la feuille remplie, et une feuille vide à sa place : pour plus de commodité, mettez l'entonnoir bouché à côté de vous dans un pot ou bocal de verre. (Il est impossible de décrire très-précisément cette manipulation ; il faut l'avoir vu ou s'y être exercé. C'est pourquoi je conseille aux artistes commençans de se faire une pâte un peu déliée avec de la farine et de l'eau, d'en remplir l'entonnoir et de s'exercer à dresser ces biscotins sur du papier selon l'instruction que je leur ai donnée ci-dessus. Etant entièrement au fait de cette manœuvre, alors ils pourront faire la pâte et dresser des véritables biscotins.) Ayant dressé quatre demi-feuilles de papier, mettez-les deux à deux sur une très-grande feuille de papier ; poudrez fortement vos biscuits avec du sucre pilé au moyen d'un petit sasset ; prenez ensuite chaque demi-feuille de papier remplie ; secouez-la un peu pour faire tomber le superflu du sucre qui s'y trouve ; mettez ces quatre demi-feuilles sur une platine de fer-blanc, et mettez-les dans un four à une bonne chaleur, pour les faire frire jusqu'à ce qu'ils soient d'un jaune foncé. Pendant que les quatre premières demi-feuilles sont au four, dressez les quatre autres, et ainsi de suite. Tout l'ouvrage doit être fait vitement, sans quoi les biscuits s'étendront trop et recevront par-là un aspect peu agréable. Si-tôt qu'ils sortiront du four, prenez un long couteau : détachez-les du papier étant encore chauds ; car si vous attendiez qu'ils soient refroidis, la plupart de vos biscuits se briseroient.

Prenez une demi-livre de sucre royal en poudre ; met-tez-le dans une terrine : versez par-dessus les jaunes de douze œufs ; jettez les blancs de ces œufs dans une autre terrine, ou bien dans une poële à confitures, fouettez bien vos blancs d'œufs avec un balai d'osier ou de bouleau, pendant une bonne demi-heure. Une autre personne re-muera pendant tout cet espace de temps, les jaunes d'œufs et le sucre, avec une spatule de bois. Les blancs d'œufs étant devenus comme de la neige très-épaisse, versez votre mélange du jaune d'œuf et de sucre dessus votre neige ; remuez-le doucement avec la spatule ; alors ajoutez six onces de fleur de farine et deux onces de poudre. [La farine et la poudre doivent être passées par un tamis, afin de les mêler et d'en séparer toutes les ordures,] puis l'écorce rapée d'un citron ; mêlez bien, mais doucement, le tout ensemble. [Cette précaution de ne remuer que doucement, est nécessaire pour ne pas faire retomber la neige.] Cela fait, vous remplirez des capsules en fer-blanc, ou en papier, à moitié pleins de cette masse, parce qu'elle se goufle étant au four. Si vous vous servez des formes ou capsules de fer-blanc, ayez soin de les frotter auparavant intérieurement avec du beurre, et en sortant du four, frappez ou mettez vos biscuits tout chauds hors des formes. Mais si vous faites vos biscuits dans des capsules de papier blanc, vous ne les frotterez pas de beurre, et vous vendrez vos biscuits avec leurs capsules. Avant de les mettre au four, ayez soin de les poudrer de sucre au moyen d'un sasset. Ils doivent frire à une bonne chaleur jusqu'à ce qu'ils soient d'un jaune très-foncé.

Faites la pâte absolument d'après la recette précédente ; hormis qu'au lieu de six onces de farine et deux onces de poudre, vous devez prendre quatre onces de farine et quatre onces de poudre. La pâte étant remplie dans des capsules, vous broyerez un peu de fleur-d'orange pralinée avec du sucre dans un petit mortier ; semez-en vos biscuits, et mettez-les ensuite au four.

Biscuits à la vanille. L'on fait aussi de la même maniere les biscuits à la vanille, en les semant, au lieu de fleurs - d'orange, avec de la vanille et du sucre broyés ensemble.

Biscuits au beurre. Faites une pâte selon la recette des petits biscotins. Lorsque vous aurez fouetté votre pâte à chaud et puis à froid, la farine y étant mêlée, vous verserez dessus 8 onces de beurre fondu et à demi refroidi ; mê'ez encore un peu votre pâte avec ce beurre, au moyen d'une spatule, et mettez-la dans des capsules de fer-blanc. Observez que les formes ou capsules, de telle grandeur qu'il vous plaira, doivent être frottées de beurre, et ne les remplissez que d'un tiers ; car cette pâte se gonfle considérablement, et, étant au four, monteroit hors des formes sans cette précaution.

Gâteaux d'anis. Mettez dans une terrine huit onces de sucre royal en poudre, et le jaune de dix œufs : remuez ce mélange avec une spatule de bois, pendant une demi - heure : fouettez durant le même espace de temps, dans un autre vase, vos blancs d'œufs avec un balai d'osier : si, après ce temps, vos blancs d'œufs sont devenus une neige très-épaisse, vous y verserez vos jaunes d'œufs au sucre : lorsqu'ils seront mêlés ensemble, ajoutez-y une once d'anis, auparavant choisi, lavé et séché, et puis 9 à 10 onces de fleur de farine ; remuez le tout doucement ensemble avec une spatule ; cela fait, dressez, au moyen d'une cuiller, des petits gâteaux ronds de la grandeur d'un écu de six francs sur du papier blanc, poudrez-les au sucre, et mettez - les frire à une bonne chaleur. En sortant du four, détachez-les tout chauds du papier avec un couteau.

Pains à café communs. Fouettez les blancs de dix œufs à la neige très-épaisse, ajoutez-y ensuite les jaunes, avec 8 onces de sucre royal en poudre ; fouettez ce mélange sur un petit feu de charbon pendant une bonne demi - heure : ce temps expiré, mettez-le hors du feu, et continuez de fouetter, jusqu'à ce que votre masse soit refroidie ; ajoutez pour-lors huit onces de fleur de farine tamisée ; étant mêlée, vous remplissez avec votre pâte deux capsules de fer-blanc, chacune d'un pied de longueur sur un tiers de largeur, et une main de hauteur ; ces capsules doivent être frottées de beurre, et doublées en dedans avec du papier commun. Votre pâte étant mise dans ces deux formes ainsi préparées, vous les ferez frire à une chaleur modérée. Vos gâteaux étant assez cuits, vous les retirerez du four ; mettez-les hors de leurs formes et détachez-en le papier.

Etant réfroidis , coupez - les à travers par tranches , dont chacune doit être de l'épaisseur de deux dos de couteau , ou d'un demi-doigt ; ensuite mettez une platine de cuivre sur un feu de charbon , afin qu'elle devienne fort chaude ; rangez pour lors vos tranches l'une à côté de l'autre sur cette platine. Etant grillées brunâtres sur un côté , vous les retournerez , afin qu'elles soient bien grillées des deux côtés. Cela fait , vous pourrez les conserver fort long-temps dans une boîte et à un lieu sec.

Faites la pâte décrite ci-dessus : étant fouettée à froid , et la farine y étant mêlée , ajoutez - y encore les épices suivantes : l'écorce rapée de deux citrons, du citronat et l'écorce d'orange confite au sucre, de chacun deux onces, et tous deux hachés grossiérement ensemble : mêlez ces drogues avec la pâte, au moyen d'une spatule, puis remplissez - en deux capsules ; faites-les frire au four, ensuite coupez-les par tranches , et grillez - les comme les précédentes.

Pains à café fins aux épices.

Mettez dans une terrine les blancs de douze œufs ; fouettez-les avec un balai en consistance de neige très-épaisse ; ajoutez-y pour lors huit onces de sucre royal pilé et tamisé très-fin. Ayant mêlé tout cela ensemble, ajoutez - y trois onces de fleur de farine et trois onces de poudre ; toutes deux passées par un tamis, puis l'écorce rapée d'un ou deux citrons, et moitié d'une tasse à café d'eau de fleur - d'orange ; remuez bien le tout avec la spatule, mais doucement, afin que la neige ne tombe pas. Cela fait, remplissez un entonnoir à tuyau large de cette pâte, dressez des biscots et poudrez - les comme il est dit plus haut dans la recette des biscotins. Mais les biscuits craquans doivent être dressés beaucoup plus grands que ceux-ci, et ne doivent être cuits qu'à une chaleur modérée, jusqu'à ce qu'ils soient brun clair. Si - tôt qu'ils sortiront du four, détachez - les du papier, car si vous attendiez qu'ils soient froids, ils se briseroient tous immanquablement, car ils sont alors très-fragiles.

Biscuits craquans, ou à la Princesse Amélie.

Prenez huit œufs ; fouettez les blancs avec un balai jusqu'en consistance de neige très - épaisse : en même temps, une autre personne remuera, dans un autre vase, les jaunes de vos huit œufs avec six onces de sucre en poudre. Tous les deux continueront leur travail durant une bonne demi-heure : après ce temps, mêlez les deux produits ensemble, ajoutez-y six onces de farine : étant

Tablettes de patience.

mélé, versez-y encore un demi-septier d'eau de rose ou de fleur-d'orange ; remuez encore une fois ce mélange ensemble : cela fait, frottez des platines de fer-b'anc avec du beurre, puis remplissez de votre pâte un entonnoir à trois ou quatre tuyaux, et dressez de petites tablettes rondes sur ces platines ; mettez-les pour-lors au four, et faites-les frire à une bonne chaleur : étant cuites, vous les détacherez toutes chaudes des platines avec un couteau.

Baisers, espèce de confitures très-fines pour le dessert.

Versez dans une terrine de fayance les blancs de huit œufs et deux cuillerées d'eau de fleur-d'orange; fouettez ce mélange avec un petit balai jusqu'à ce qu'il soit devenu une neige très-solide ajou ez p ur-l rs huit onces de sucre réduit en poudre fine remuez tout cela avec une spatule, mais avec précaution : cela fait, dressez, au moyen d'une cuiller sur du papier blanc, des petits monceaux de cette pâte, dont chacun soit de la grandeur d'un macaron ; mais au lieu d'être aussi p'ats, ils doivent être pointus en haut, et en forme de limaçons : étant tous dressés, mettez le papier sur lequel ils sont, sur une planche de bois épaisse d'un pouce au moins; mettez-les avec cette planche dans un four bien chaud. [C'est pour qu'ils ne cuisent point par en bas, qu'on les met sur une planche.] Si-tôt que vous appercevrez que vos confitures commencent à recevoir une croûte un peu solide et jaunâtre, vous les re tirerez du four, et vous les détacherez du papier avec un couteau : mais faites cela avec précaution, de peur de les briser, parce qu'ils sont très-tendres. Otez-en pour lors, avec une petite cuiller à café, le marc le plus humide qui se trouve dans leur intérieur, afin qu'ils deviennent un peu creux, et mettez chaque baiser creusé à la renverse sur le papier, c'est-à-dire, avec la pointe ou croûte sur le papier, et le côté ouvert ou creux en haut; remettez-les sur la planche pendant quelques minutes au four, afin qu'ils sèchent du côté creux. Après quelques minutes, retirez-les du four et arrangez-les dans une boîte pour les conserver a un lieu sec et même chaud, si faire se peut, jusqu'à ce que vous en vouliez faire usage; c'est-à-dire, les servir sur la table. Si vous voulez les servir à table, remplissez le côté creux de chacun d'eux avec de la crême battue, dont nous donnerons ci-après la manière de la faire, ou, si vous l'aimez mieux, avec de la gelée de framboises, et joignez-les ensemble deux à deux par le côté rempli de crême, pour former des petites boules, arrangez vos baisers

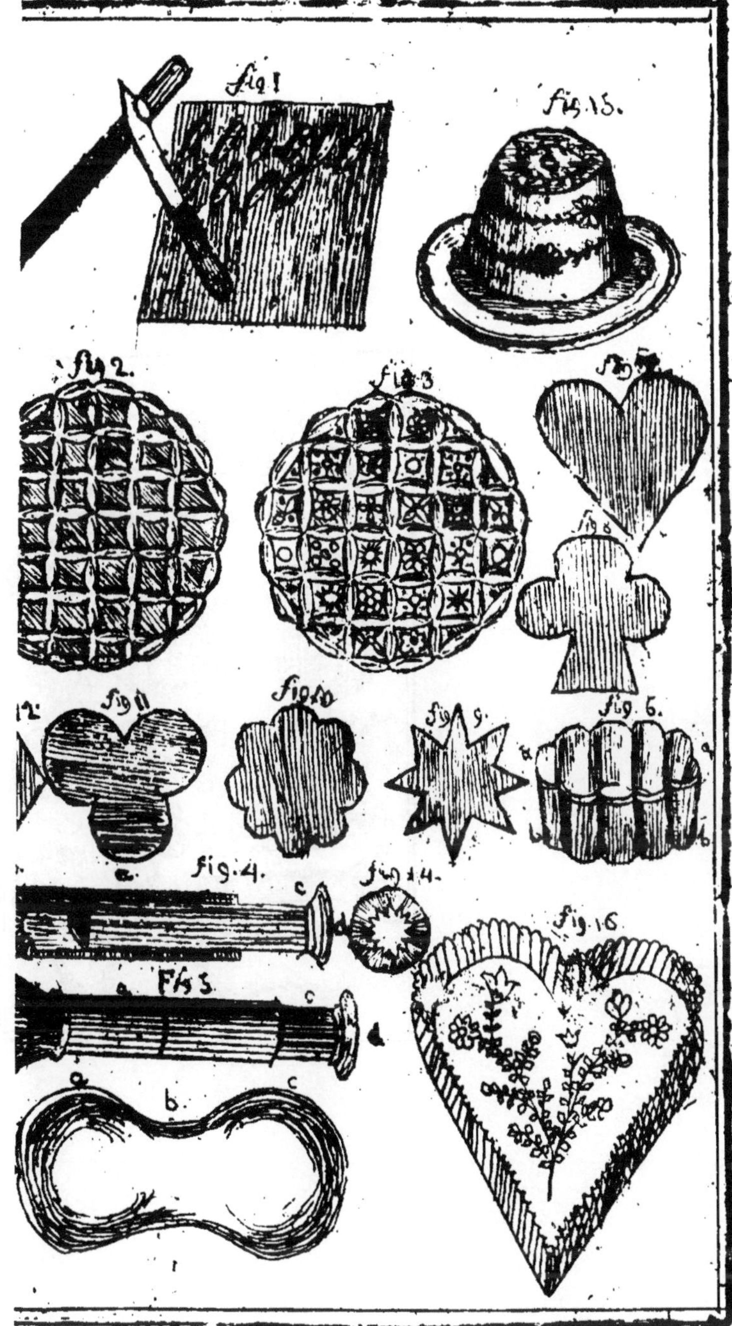

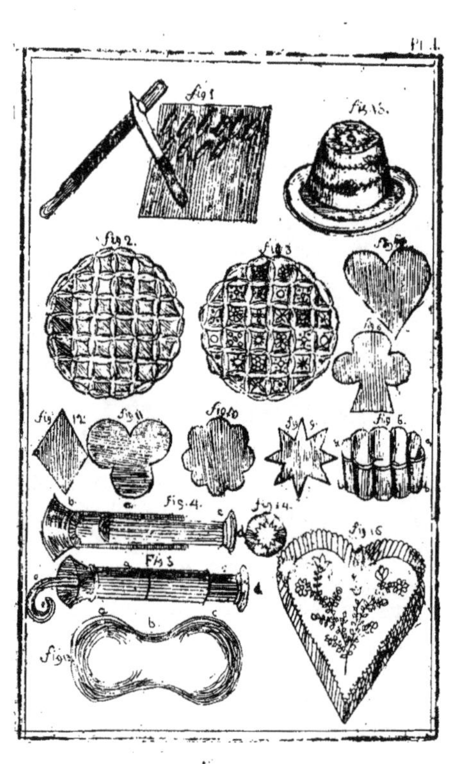

baisers dans une assiette, et servez-les bientôt après à la table, car ils ne se conserveront pas long-temps, à cause de l'humidité qu'ils contiennent, étant remplis.

Prenez un demi-septier de bonne crême, deux onces de sucre en poudre et deux cuillerées d'eau de fleur-d'orange ; fouettez ce mélange avec un petit balai bien propre dans une terrine de fayence, jusqu'à ce qu'il se montre à la surface une mousse épaisse ; enlevez cette mousse avec une cuiller, et mettez-la sur un tamis sous lequel vous aurez eu soin de mettre une assiette, afin d'y recevoir cette crême trop liquide qui se séparera de la neige et passera par le tamis ; continuez de fouetter votre crême, d'en enlever l'écume, et de la mettre sur le tamis, de temps en temps vous pouvez verser dans votre terrine ce qui se trouve dans l'assiette sous le tamis ; vous continuerez ainsi jusqu'à ce qu'il se trouve sur le tamis une assez grande quantité de neige pour l'usage que vous vous proposez d'en faire, et vous aurez une crême battue à la neige infiniment meilleure et moins couteuse que celle des crêmiers. Au lieu de fleur-d'orange, vous pouvez mettre une autre odeur si vous l'aimez mieux.

Crême battue ou à la neige.

Prenez une demi-livre d'amandes douces, épluchez-en la peau, selon l'art, et pilez les avec six œufs dans un mortier de marbre ; étant réduits en pâte très fine, vous verserez par-dessus une livre de sucre concassé, puis une livre de beurre fin, et l'écorce rapée de deux citrons ; remuez bien ce mélange avec le pilon. Mettez alors sur une table 16 à 18 onces de bonne farine, mettez votre pâte dessus, et pétrissez bien le tout avec les mains, afin que toute la farine entre dans votre pâte. Prenez pour lors une feuille de papier, coupez-en une rotonde qui soit de la même grandeur que celle que vous voulez donner à votre tarte ; alors coupez d'une autre feuille une se-conde rotonde, mais qui soit un peu plus petite que la pre-mière, puis une troisième qui soit un peu plus petite que la seconde ; ensuite une quatrième, moins grande que la précédente, ; coupez à volonté 8 à 12 de ces assiettes rondes, selon la hauteur que vous proposerez de donner à votre tarte, et qui doit être proportionné à la largeur, c'est-à-dire, à la grandeur de la première ou plus grande assiette de papier. N'oubliez pas qu'elles doivent être successive-ment plus petites les unes que les autres. Ces modèles ainsi

Tarte roya-le de Berlin.

préparés, prenez un morceau de votre pâte, étendez et
roulez-le avec un rouleau de bois, jusqu'à ce qu'il soit
mince d'un dos de couteau ; mettez le plus grand de vos
modèles de papier sur cette pâte roulée, retranchez avec
un couteau ce qui sort hors du pourtour de votre modèle,
et vous aurez un morceau de pâte rond et de la même grandeur que le modèle ; roulez un autre morceau de pâte ; coupez, selon la même méthode, la seconde rotonde, et ainsi
de suite, afin que vous ayez autant de rotondes de pâte, de
grandeurs différentes, que vous aviez fait de modèles en
papier. Mettez ces rotondes de pâte sur des platines de
fer-blanc, que vous aurez soin de couvrir de papier, et
faites-les frire dans un fourneau à une chaleur modérée ;
étant clair - bruns, vous les retirerez du four, et vous les
laisserez réfroidir. Mettez ensuite sur un beau plat de
porcelaine ou de fayence, la plus grande de vos rotondes de pâte ; mettez sur cette pâte une couche de fruits
confits au sucre ; couvrez cette couche avec une autre rotonde de pâte un peu plus petite ; mettez-y aussi du fruit,
mais d'une autre espèce quelconque ; puis une troisième
couverture de pâte, troisième couche de fruit ; et ainsi de
suite, jusqu'à ce que toutes vos rotondes de pâte soient
toutes mises l'une sur l'autre. Observez sur-tout les points
suivans : Les rotondes de pâte doivent être mises dans une
grandeur successive l'une sur l'autre, en commençant par
la plus grande, et finissant par la plus petite, afin que votre
tarte en entier ressemble à une pyramide ronde, ou à une
tour pointue. (Voyez fig. 15. Pl. I.) J'ai déjà dit qu'entre
chaque feuille ronde de pâte, on doit faire une couche de
fruits confits au sucre, excepté la dernière et plus petite
rotonde de pâte, dont la surface doit être sèche. J'ajoute
encore que pour augmenter autant le bel aspect que le bon
goût, il faut, autant que faire se peut, varier les couches.
Par exemple, la première se fera aux cerises ; la seconde
avec de la gelée de pommes, la troisième aux abricots,
une quatrième aux framboises, coings, groseilles, etc. On
ne met point de fruits sur la surface du dernier et plus petit
plat de pâte, parce qu'il doit être couvert à la glace, comme
vous allez voir bientôt. Votre tarte étant tout-à fait cons-
truite selon ces règles, vous la couvrirez de tous côtés d'une
glace ou vernis au sucre blanc, qui se fait de la manière
suivante :

Prenez quatre onces de sucre royal, réduit en poudre
extrêmement fine, passez-le par un tamis de soie, et mettez-
le dans une petite terrine, ajoutez le blanc d'un œuf,

mais gardez-vous bien d'y laisser tomber une seule goutte de jaune ; remuez ce mélange avec une cuiller de bois pendant un bon quart - d'heure ; exprimez alors par-dessus un peu de suc de citron, et continuez de remuer pendant un quart ou une demi-heure ; car plus vous remuerez long-temps votre vernis, plus il deviendra blanc.

Après avoir enduit votre tarte avec ce vernis, prenez du citronat et des écorces d'oranges confits, coupez-les par filets fins et par petits carreaux, de la grandeur et forme de ceux qu'on voit sur les cartes à jouer ; mettez ces filets de citronat et d'écorce d'orange en forme de guirlande, dont les carreaux forment le feuillage, sur la surface et les côtés de votre tarte. Vous pouvez l'embellir en appliquant dans cette guirlande des fleurs, que vous formerez avec des fruits confits d'une belle couleur. (Voyez Planche I. fig. 15.) Votre tarte étant garnie selon votre goût, vous la remettrez pendant deux ou trois minutes au four, pour faire sécher promptement ce vernis et conserver son lustre, puis vous la retirerez et donnerez à table.

Tarte royale de Berlin, Pl. 1. fig. 15.

Cette tarte est une des plus magnifiques et des plus délicieuses qu'on puisse donner à table, à l'occasion d'un grand festin. En la tranchant, il faut la couper du haut en bas. Une de ces tranches, outre le goût superbe de la pâte, réunit encore presque toutes sortes de fruits confits au sucre. Jugez par là combien elle doit être superbe et délicieuse.

Avec la même pâte, on peut faire des petits craquelins mols, qui sont très - délicats à prendre au café, les liqueurs, comme pour le dessert. Après avoir formé des petits craquelins ou guirlandes avec cette pâte, frottez-les avec du jaune d'œuf, parsemez-les de sucre et de canelle, puis rangez-les sur une platine de fer, frottée auparavant avec du beurre, et faites-les frire au four à une chaleur modérée, de peur qu'ils ne se brûlent. Étant cuits, vous les mettrez dans des verres ou boîtes, pour les garder dans un lieu sec ; avec cette précaution, ils se conservent fort long-temps, et n'en deviennent que meilleurs.

Petits craquelins mols.

Prenez six onces de sucre concassé et tamisé, six onces de beurre fin fondu, six onces de fleur de farine, une demi-once de canelle en poudre, et un petit œuf ; délayez et remuez ce mélange dans une terrine avec autant de lait qu'il faut pour en faire une pâte déliée et qui coule aisément de la cuiller, sans être cependant trop claire. Chauffez ensuite

Gaufres ou plaisirs fins à la canelle.

le fer sur du feu ; frottez-le pour la première fois seulement avec du beurre, mettez-y une cuillerée de votre pâte, et faites-la frire avec un feu vif sur les deux côtés ; étant brune, vous la roulerez sur le fer chaud, autour d'un petit bâton. Vous les ferez frire de cette manière, jusqu'à ce que vous n'ayez plus de pâte.

Gauffres fines. Mettez dans une grande terrine dix-sept onces de fleur de farine, et un demi-septier de bonne levure de bierre ; délayez cette pâte avec autant de lait chaud qu'il en faut pour que votre pâte soit assez déliée, et puisse couler aisément de la cuiller, sans être trop claire, puis mettez-la dans un lieu chaud pour la faire lever. Etant levée, prenez quatorze œufs frais, fouettez-en les blancs en consistance de neige très-épaisse : versez les jaunes de ces œufs sur votre pâte, et ensuite aussi la neige et l'écorce rapée de deux citrons ; le tout étant mêlé ensemble, versez par-dessus votre pâte dix-sept onces de beurre fin, fondu, et qui ne soit plus trop chaud, remuez bien doucement ce mélange avec une spatule de bois, et remettez-la encore une fois dans un lieu chaud pour lever pour la seconde fois. Votre pâte s'étant bien gonflée, faites chauffer le fer à gauffres, frottez-le, pour la première fois seulement, avec du beurre ; remplissez le fer de pâte, et faites frire vos gauffres avec un feu très-vif sur les deux côtés. Etant cuits, vous les poudrez au sucre et à la canelle.

Nota. Il est essentiel de ne point remuer du tout la pâte avec la cuiller, lorsqu'on en prend pour remplir le fer, ni même de plonger la cuiller dans la pâte : il faut mettre la cuiller sur la terrine, et prendre bien doucement la pâte par en haut, car, sans cette précaution, la pâte tomberoit très-sensiblement. Les gauffres faites selon cette recette, sont très - délicates, sur - tout lorsqu'on les mange chaudes et semées de sucre et de canelle, et sont absolument différentes de celles que l'on fait et vend ordinairement. Cette dernière observation peut de même être appliquée l'égard des gauffres à la canelle.

Perlingo, espèce de confitures d'Allemagne. Je ne puis passer sous silence une espèce de confitures très-connues en Allemagne sous le nom de *Perlingo*. Elles n'exigent pas beaucoup de frais, sont très-faciles à faire, et se vendent, malgré cela, presqu'au même prix que les confitures fines, à cause de leur goût agréable. Voici la manière de les faire : Prenez une livre et demie de farine, passez-la dans un tamis sur votre table ; faites un creux au milieu de ce monceau de farine, versez-y trois quarterons

de cassonnade jaune , une demi-livre de beurre fin, l'écorce
rapée de deux citrons, et dix œufs. Pétrissez-bien tous ces
ingrédiens ensemble, de manière qu'ils deviennent une
pâte assez ferme. Dans le cas où cette pâte seroit encore
fort grasse et molle, vous y ajouterez encore une ou deux
poignées de farine. Coupez pour lors cette pâte par petits
morceaux, dont vous roulerez chacun avec les deux mains,
de manière qu'ils deviennent des saucisses de l'épaisseur
et de la longueur d'un doigt ; prenez ensuite un petit bâton,
le manche rond d'un couteau ou quelque chose semblable,
qui soit d'une moindre grosseur que vos saucissons, au
moyen duquel vous ferez une empreinte sur la moitié de
la grosseur de vos saucisses de pâte, de manière que celles-
ci seront grosses d'un côté, et minces ou aiguës de l'autre.
Voyez la figure ci-jointe. *a a*, le bâton rond ; *b b*, le côté   Pl. 2. fig. 6.
gros et large ; *c c*, le côté mince et aigu de la pâte. Prenez
ensuite cette raye en pâte ainsi façonnée, et formez-en une
petite couronne de la circonférence d'une pièce de 5 francs
environ, en observant de mettre le côté façonné comme
nous venons de le dire, en dehors, et la moitié grosse sur le
fond, de manière que la surface de ces couronnes soit
mince et aigue. [Voyez la figure ci-jointe.] Continuez ce   Pl. 2. fig. 7.
travail jusqu'à ce toute votre pâte soit ainsi façonnée. Rangez pour lors ces couronnes l'une à côté de l'autre, sur du
papier, et faites les frire au four à une chaleur modérée.
Pendant ce temps, faites le vernis blanc au sucre, dont nous
avons donné la description, pag. 18.

Vos perlingos étant assez cuits, ce que vous connoîtrez
facilement à leur couleur jaune foncé, vous les retirerez du
four, puis vous tremperez la tranche dans ce vernis, mais
pas trop en avant, de manière qu'ils recevront sur la tranche
un joli filet blanc. Remettez-les pour quelques instans au
four, afin de faire sécher promptement ce vernis. Cette
espèce de confitures est une des plus avantageuses pour
l'artiste, parce qu'elles ne lui coûtent pas cher, et qu'étant
gardées dans un lieu sec, elles se conservent très-long temps.
Le temps ne fait qu'augmenter leur délicatesse.

J'ai promis au commencement de cet ouvrage une recette   Confitures
pour employer utilement tous les rebuts et émoncelures des brunes.
confitures et sucreries de toutes espèces, même des pains
d'épices, si vons en avez. Pilez toutes ces choses extrêmement fin, et passez cette poudre par un tamis de soie sur
votre table ; faites au milieu de ce monceau de poudre,
un creux, dans lequel vous verserez autant d'œufs qu'il
faut pour en faire une pâte, puis de la canelle, des clou
de girofle et de *tolus armenicum*, réduits en poudre impal-

pable. Nota. Il ne faut faire usage de bolus que de la quantité nécessaire pour donner à votre pâte une belle couleur de canelle ; ajoutez aussi du sucre, si vous le jugez à propos : pétrissez ensemble tous ces ingrédiens , afin d'y faire , à l'aide d'un peu de farine, une pâte ferme ; étendez ensuite cette pâte, au moyen d'un rouleau de bois, de manière qu'elle soit une feuille de l'épaisseur d'un fort dos de couteau ; cela fait, vous prendrez plusieurs coupe-pâtes, en fer-blanc, au moyen desquels vous formerez de votre pâte toutes sortes de petites figures, à-peu-près de la même façon que le sucre à la neige ; rangez ces figures sur du papier, et faites-les frire au four , pendant une demi-heure. Étant cuits , vous les embellirez de diverses façons. Par exemple, en leur donnant une couverture avec le vernis blanc au sucre, lequel vous pourriez teindre en partie rose, au moyen d'un peu de cochenille et d'eau de rose. Le vernis brun au chocolat, se fait en mettant du chocolat dans une petite casserole avec un peu d'eau sur le feu, sur lequel vous la remuerez continuellement, jusqu'à ce que votre chocolat soit dissout et cuit en consistance assez épaisse. Vous pouvez l'aromatiser avec du sucre et de la canelle ou vanille en poudre. — Un vernis non moins beau et agréable est le vernis jaune au citron, qui se fait de la manière suivante : Faites-le vernis blanc au sucre, dont j'ai déjà donné la recette *Nota*. Il faut davantage de suc de citron qu'à l'ordinaire. Par exemple : pour un quarteron de sucre royal en poudre, un seul blanc d'œuf, et peu à peu autant de suc de citron qu'il faut pour le faire bien coulant. Observez que plus vous le remuerez, plus votre vernis deviendra blanc et épais. Étant au point desiré, vous y ajouterez un peu d'infusion de safran, passé par un linge, et l'écorce jaune d'un ou 2 citrons, rapée sur du sucre, et écrasé dans un mortier. Ne mettez pas trop d'écorce de citron dans votre vernis, car il seroit trop amer. — Ayant préparé tous ces vernis, vous diviserez vos confitures en autant de parties que vous avez de couleurs : enduisez chaque confiture avec du vernis, au moyen d'un pinceau ; semez-en les marges avec de la nompareille, et mettez au milieu de chacune, soit une tablette de chocolat, de pastilles, ou une dragée ; après quoi vous remettrez vos confitures quelques instans au four , pour les faire sécher promptement , et pour leur donner de l'éclat. Vous serez surpris de la beauté de ces confitures, dont personne ne devinera l'origine. Étant gardées dans un lieu sec, elles se conservent très-long-temps.

De la Pate de Massepain.

La pâte de massepain est d'une très-grande utilité dans le laboratoire du confiseur, parce que, étant bien faite, elle se conserve plus de six mois dans toute sa bonté, et l'artiste peut en faire usage, quand le temps et l'occasion se présenteront ; pour faire toutes sortes de confitures d'amandes, en comptant chaque livre de pâte pour huit onces d'amandes et huit onces de sucre, et en ajoutant, à proportion, la dose de sucre indiquée dans chaque recette des confitures aux amandes. Nous allons expliquer cela plus clairement : par exemple, vous avez une quantité de pâte de massepain, et vous voulez faire des macarons (Voyez la première recette de cet ouvrage) ; la recette prescrit pour dose une livre d'amandes et deux livres de sucre : sans vous donner la peine de concasser une livre des amandes fraîches, prenez seulement deux livres de pâte de masse-pain (je suppose que vous en ayez), qui contiennent une livre d'amandes et une livre de sucre ; ajoutez à cette quantité de pâte encore une livre de sucre, et voilà la quantité que la recette prescrit ; vous pouvez agir ainsi avec toutes confitures aux amandes. Revenons à présent à la fabrication de cette pâte.

Prenez quatre livres d'amandes douces, jettez-les dans l'eau bouillante, mais hors du feu ; il faut les y laisser tremper jusqu'à ce la peau s'en sépare facilement ; versez-les pour lors dans l'eau fraîche ; après quelques minutes, épluchez-les ; et après les avoir lavées dans l'eau froide, versez-en une poignée dans un mortier de marbre ; ajoutez-y deux cuillerées d'eau, pilez cette poignée d'amandes, et faites-en une pâte extrêmement fine, de manière qu'il ne s'y trouve aucun fragment d'amandes ; cela fait, vous retirerez votre pâte du mortier, pour y verser une seconde poignée d'amandes, que vous pilerez comme les premières ; puis une troisième, et ainsi de suite, jusqu'à ce que toutes vos amandes soient réduites en pâte déliée. J'ai conseillé de ne piler vos amandes que par poignées, parce qu'il vous seroit difficile de les réduire en pâte très-fine, si vous versiez toute la quantité d'amandes en une seule fois dans le mortier. Versez ensuite votre pâte d'amandes dans une grande poële à confitures : ajoutez-y quatre livres de sucre royal réduit en poudre impalpable ; mettez votre poële sur un feu de charbon, remuez et travaillez votre pâte sur le feu avec une grande spatule de bois dur, de

Pl. 2. fig. 8. la longueur de deux pieds et demi, sur la grosseur d'un bras; il faut qu'elle soit en bas large comme une main, et un peu aiguë (voyez la figure): remuez, dis-je, votre pâte avec cette spatule, sur le feu, en tous sens, et sur-tout empêchez la pâte de s'attacher au fond et aux bords de la poële: votre négligence à cet égard exposeroit votre pâte à recevoir des taches jaunes et à sentir un goût d'empireume: pendant ce travail, vous verrez la masse que vous avez mis à la poële, en consistance passablement ferme, devenir un peu fluide, et exhaler de fortes vapeurs; ne vous étonnez pas de cela, c'est l'eau et l'humidité qui font fondre le sucre, et qui, en sortant en forme de vapeurs, fait sortir l'eau de la pâte par le moyen de la chaleur, et préserve par-là votre pâte de massepain de la corruption. C'est le but de ce travail, que vous continuerez pendant deux bonnes heures, en remuant et nettoyant toujours le fond et les bords de la poële avec la spatule: si au bout de ce temps vous pouvez toucher la pâte avec la main, sans qu'elle s'attache à vos doigts, vous jugerez votre pâte assez grillée (en terme de l'art); en conséquence, mettez toute votre pâte sur un côté de la poële, nettoyez bien le fond et le bord de l'autre côté, au moyen de la spatule, et semez-le avec de la farine; versez pour lors votre pâte sur le côté poudré; nettoyez aussi, avec la spatule, ce côté comme le premier, et semez-le de même avec de la farine; cela fait, prenez votre poële avec les mains par les deux anses, et manœuvrez-le comme un van, afin que la pâte s'unisse en un seul morceau, et ressemble à un grand pain oblong. Mettez pour lors ce pain sur une feuille de papier ou sur une table semée de farine, pour la conserver pour l'usage, c'est-à-dire, jusqu'à ce que vous ayez le temps et l'occasion d'en couper des morceaux pour faire des confitures. Cette pâte étant faite avec toute la précaution que nous avons indiquée, et étant sur-tout bien grillée et évaporée, se conserve, comme je l'ai déjà dit, pendant six mois; mais si elle n'est pas bien desséchée, et qu'elle contienne encore beaucoup d'humidité, elle ne se conserve guères au-delà de dix jours sans s'altérer et devenir aigre Si cependant vous voulez faire usage tout de suite de votre pâte de massepain, il n'est pas besoin qu'elle soit aussi sèche.

De l'usage de la pâte de massepain.   Cette pâte de massepain est fine, et est destinée pour les confitures fines. Vous pouvez en faire de la plus commune et d'une qualité inférieure, en ajoutant de la farine. De cette pate de massepain, vous pouvez faire une

infinité

infinité de confitures : nous en enseignerons quelques-unes. Des artistes ingénieux pourront s'en créer, d'après ces modèles, un grand nombre d'autres, dont le temps et les bornes de ce volume ne me permettent pas de donner les recettes.

Coupez de la pâte de massepain un morceau du poids d'une livre ; délayez-le dans une terrine avec autant de blancs d'œufs qu'il en faut pour que la pâte se laisse étendre avec un couteau ; ajoutez alors une ou deux petites cuillerées de bolus d'Arménie préparé, pour la teindre en beau rouge, puis une demi-once de canelle en poudre ; le tout étant remué ensemble, vous couperez de quelques feuilles d'oublie, avec des ciseaux, toutes sortes de petites figures, en grandeur convenable ; étendez votre pâte sur ces figures, de manière que chacune ait une couche de la hauteur d'un dos de couteau ; rangez-les sur du papier, et faites-les frire au four à une chaleur modérée. Voulez-vous donner encore un plus bel aspect à vos confitures? faites cuire un peu de sucre avec de l'eau de fleur-d'orange, jusqu'au degré que l'on nomme au fort-filet, ou à la plume ; vos confitures étant sorties du four, vous les enduirez toutes chaudes, au moyen d'un pinceau, avec ce syrop, qui se séchera sur-le-champ. Vos confitures seront pour lors glacées à la fleur-d'orange. Le même embellissement est applicable à la plupart des confitures, sur-tout d'amandes.

C'est à la même façon qu'on fait des confitures au citron, en prenant des blancs d'œufs en place des jaunes, et au lieu de la canelle et du bolus, on l'aromatisera avec de l'écorce rapée de citron.

Prenez, par chaque livre de pâte de massepain, deux onces de chocolat ; broyez-le avec un peu d'eau chaude sur le feu : étant dissous et réduit en pâte, vous le verserez sur une livre de pâte de massepain, auquel vous ajouterez de la canelle, ou de la vanille [à volonté] ; étant bien remué ensemble, vous l'étendrez sur des figures d'oublie, et vous les ferez frire au four à une chaleur modérée. *Nota.* Si la pâte ne vous semble pas être assez foncée, vous pourrez colorer avec du *bolus armenicum.*

On peut faire aussi de cette pâte des *monceaux d'amandes communes* [nous avons déjà parlé plus haut des fines], à la manière suivante : Délayez une demi-livre de pâte avec quatre à cinq blancs d'œufs ; ajoutez-y un quarteron

de sucre-cassonnade, une demi - livre d'amandes douces
en morceaux fins et longs, un peu de canelle en poudre,
et, si voulez donner à vos confitures une couleur brun-
rouge, un peu de *bo'us armenicum* en poudre : le tout
étant mêlé ensemble, vous dresserez des petits morceaux
de cette pâte sur du papier, et les ferez frire au four
à une chaleur modérée.

Guirlandes aux amandes. Prenez une demi-livre de pâte de massepain, deux à
trois blancs d'œuf, de la canelle en poudre et un peu de
farine ; pétrissez de toutes ces matières une pâte, dont
vous roulerez des saucisses avec les mains et sur la table;
en les roulant ainsi, vous aurez soin de semer la table
avec des amandes hachées grossièrement, afin que ces fragmens d'amandes s'attachent à l'extérieur de ces saucisses,
qui doivent être de la grosseur d'un doigt ; ensuite formez-
en des guirlandes d'une grandeur convenable, en liant les
deux bouts ensemble avec de l'eau ; ensuite rangez ces guirlandes sur du papier, et faites - les cuire au four à une
bonne chaleur, jusqu'à ce qu'ils soient brun-clair.

Noix en massepain. Prenez un morceau de pâte de massepain ; pétrissez-le
avec de a canelle en poudre, et un peu de *bo'us armenicum*,
en poudre; mais très peu du dernier, parce que la pâte
ne doit tirer que foiblement sur le rouge ; étant bien pétri
ensemble, vous l'étendrez avec un rouleau de bois, jusqu'à ce qu'elle soit comme une feuille mince d'un dos de
couteau ou d'un demi-doigt. Il faut que vous ayez une
forme en bois de poirier, dans laquelle soient gravées deux
écailles de noix en grandeur naturelle, et avec toutes leurs
veines et frisures ; votre pâte étant étendue, vous la couperez en petits morceaux dont vous en mettrez un sur
chaque trou ou forme, ayant soin de poudrer chaque morceau de pâte avec de la farine, sans quoi il s'attacheroit
à la forme ; comprimez chaque morceau de pâte avec les
doigts dans la forme, afin qu'il deviennent creux, et qu'ils
reçoivent l'empreinte des veines et frisures de la forme ;
retranchez avec un couteau ce qui sort du niveau de la
forme, et renversez la forme sur la table, afin d'en faire
sortir les deux figures ; qui seront très - semblables à deux
écailles de noix ; continuez votre travail, c'est-à-dire,
comprimez de la pâte dans les formes, jusqu'à ce que
vous ayez assez d'écailles de noix : rangez - les pour lors
avec le côté creux sur un papier, et laissez-les sécher pendant trois ou quatre jours : ce temps passé, vous les mettrez au four à une foible chaleur, pour les y laisser peu-

dant un quart-d'heure. Faites en sorte que la chaleur du
four ne soit pas trop forte ; vos confitures se créveroient et
recevroient une couleur trop foncée, et c'est précisément
ce qu'il faut éviter. Pendant qu'elles sont au four, faites
cuire du sucre avec de l'eau, en consistance de syrop ;
vos confitures étant cuites, vous les enduirez au moyen
d'un pinceau, toutes chaudes, sur le côté frisé, avec ce
syrop ; remettez - les pendant quelques minutes au four,
pour faire sécher le vernis. Prenez ensuite de la gomme
arabique, que vous aurez fait dissoudre vingt - quatre
heures auparavant dans un peu d'eau, remplissez chacune
de vos écailles de noix avec de la compotte de pommes,
ou avec de la framboise, ou quelque autre fruit à volonté ;
humectez le bord de chacune de vos écailles avec la gomme
dissoute, au moyen d'un pinceau, et joignez - les deux à
deux ensemble ; vous aurez des noix qui vous étonneront
par leur parfaite ressemblance avec les naturelles ; d'ailleurs, elles seront d'un goût exquis, et se conserveront
long-temps, étant gardées dans un lieu sec.

Prenez un quarteron de chocolat ; mettez - le sur une
platine de fer - blanc, et tenez-là sur un feu de charbon,
afin d'amollir et de faire fondre le chocolat ; si - tôt que
vous vous appercevrez de cela, délayez-le dans une terrine avec un peu d'eau ; étant bien remué, vous le pétrirez
avec une livre de pâte de massepain, en y ajoutant un
peu de santal rouge en poudre, une demi-once de canelle
et six à huit cloux de girofle, également réduits en poudre,
ou, si vous l'aimez mieux, de la vanille. Votre pâte étant
bien pétrie avec les mains, vous la roulerez et couperez en morceaux longs et gros comme des saucisses
naturelles. —— Observez qu'en roulant la pâte , il
faut semer la table avec des amandes hachées grossièrement, afin que les amendes s'attachent çà et là à l'extérieur des saucisses, dont ils représenteront la graisse.
Vos saucisses étant toutes faites, vous les mettrez sécher
pendant quelques jours sur du papier blanc ; ensuite
vous les cuirez au four à une chaleur modérée, de peur
que vos saucisses ne se crèvent.

Prenez une partie de la même pâte rouge décrite ci-
dessus, moitié autant, c'est-à-dire, sur seize onces de
rouge, huit onces de pâte blanche de massepain ; coupez chacune de ces deux pâtes en très-petits morceaux
irréguliers, et mêlez-les ensemble (vous sentez bien que
les rouges représentent la chair, et les blancs la graisse du

vos cervelas). Cela fait, il faut avoir des boyaux de porc de la même sorte dont les charcuitiers se servent pour y remplir leurs cervelas : il est nécessaire qu'ils soient sans aucune graisse, secs et parfaitement transparents ; mettez votre pâte aux deux couleurs pêle-mêle dans ces boyaux, et pressez la fortement, afin qu'ils soient bien fermes. Partagez les ensuite en cervelas de la longueur naturelle ; frottez-les bien avec la main, jusqu'à ce qu'ils soient bien unis, et humectez vos mains avec de l'huile d'amandes. Vos cervelas recevront par-là un éclat superbe, seront semblables aux cervelas de viande à s'y méprendre, et ce qui vaut encore mieux, seront d'un goût exquis, et se conserveront long-temps.

Jambon en masse-pain. Prenez 8 onces de pâte de masse-pain ; pétrissez-la avec une partie de sucre en poudre ; plus vous la pétrirez long-temps, plus elle deviendra blanche ; coupez-la ensuite en 2 morceaux inégaux l'un de 5 et l'autre de 3 livres environ ; réservez le morceau de trois livres, dont nous parlerons ci-après. Prenez une demi-once de cloux de girofle, autant de canelle et autant de bolus d'arménie, le tout réduit en poudre impalpable ; pétrissez toutes ces drogues dans votre morceau de pâte qui pèse le plus, et ajoutez-y assez de santal rouge en poudre, pour que votre pâte ait reçu une belle couleur rouge, semblable à celle du jambon cuit ; le tout étant bien pétri ensemble, vous formerez un morceau en façon de jambon, c'est-à-dire, haut et large sur le devant, et pointu au derrière. Ayant cette forme, vous ferez, au moyen d'un couteau, des incisions vers le milieu de cette pâte rouge, qui représente la chair maigre du jambon : mettez entre ou dans ces incisions des morceaux minces de la pâte blanche que vous avez réservée à part, afin de former dans l'intérieur de votre pâte ou jambon rouge, des veines grasses : l'ayant affermie avec les mains, vous étendrez tout le reste de votre pâte blanche avec les mains ou avec un rouleau de bois, de manière qu'elle devienne un morceau large et de l'épaisseur de deux à trois doigts de travers ; humectez l'extérieur de votre pâte rouge avec un peu d'eau, et mettez y votre pâte blanche, pour y représenter la graisse. Vous sentez bien que pour imiter davantage la nature, il faut mettre le blanc progressivement plus mince vers la queue et sur les côtés, qu'en haut et sur le devant. Maintenant il s'agit de donner la couenne à votre jambon. Pour y parvenir, prenez un quarteron de chocolat, faites-le cuire dans une casserole avec un peu d'eau (environ moitié d'un demi-setier), en le remuant toujours, jusqu'à ce qu'il soit réduit en consistance très-épaisse ; cela fait, vous enduirez la surface de votre jambon, au moyen d'un pinceau, avec ce chocolat, et à plu- sieurs reprises, jusqu'à ce qu'il ait une croûte assez épaisse pour représenter la couenne de votre jambon. Il faut que le chocolat soit encore tout chaud ; car étant refroidi, il sera dur. Si vous voulez augmenter le goût délicieux de votre jambon, vous mêlerez de la vanille dans le choco- lat, et vous semerez la couenne de votre jambon avec des vieux macarons concassés, imitant la raclure de pain que les charcuitiers mettent sur leurs viandes. *Du jambon en massepain.*

Ce jambon est superbe, autant par son bel aspect que par son goût : il se vend au poids, en le coupant par tranches minces. Je ne crois pas qu'il soit connu en France ; mais dans les capitales de l'Allemagne, il est très-recher- ché ; les plus grands restaurateurs le servent pour dessert, ou avec le vin de liqueurs. J'espère que les restaurateurs de France me sauront gré de leur avoir communiqué cette recette ; car cette confiture étant facile à faire, sera estimée par les connoisseurs et amateurs, et par conséquent bien payée. Il se vend ordinairement le double plus cher que les autres confitures fines , et il se conserve très-long-temps.

Prenez une livre de massepain, le suc de quatre citrons, quatre onces de gelée de framboises et un peu de coche- nille ; remuez le tout ensemble avec une forte spatule de bois, par l'effet des fluides qui sont entrés dans votre pâte: celle-ci sera fort humide. Pour la raffermir, vous prendrez une partie de sucre concassé, et deux poignées de farine ; votre pâte étant bien pétrie ensemble, vous en roulerez avec les mains des petits bâtons de la grosseur d'un doigt ; coupez-les en petits dés d'une égale grandeur ; que vous roulerez ensuite pièce par pièce dans le milieu de votre main , en forme ronde , et donnez-leur ensuite une pointe avec le doigt, de manière qu'ils soient semblables aux framboises. Mettez-les pour-lors dans des capsules de papier, dans un endroit sec et chaud, pendant huit à dix jours, afin de les faire sécher. Ce temps expiré, mettez dans une terrine profonde un poisson de syrop de fram- boises, un peu de cochenille et un peu de sucre en poudre ; les ayant bien mêlés ensemble avec une cuiller, vous verserez sur ce mélange, qui doit être d'un beau rouge, deux poignées de vos framboises ; prenez votre terrine avec les deux mains, et vannez vos framboises vers vous, afin qu'elles tombent pêle-mêle ensemble, et qu'elles soient par-tout également couvertes de rouge. Avant de *Framboises artificielles en masse- pain.*

Framboises artificielles en massepain.

faire cette manœuvre, il faut que vous piliez une certaine quantité de sucre, point trop finement; passez-le par un tamis de soie pour en séparer la poudre trop fine; ensuite versez ce qui est resté dans le tamis de soie sur un passoir fin ou un tamis de crin : ce qui y passera sera le sucre qu'il vous faut pour le travail suivant. On nomme cette poudre grossière ; en terme de l'art, *sucre à la grêle.* Mettez ce sucre à la grêle sur une grande feuille de papier ; étendez-le un peu, et, vos framboises étant couvertes avec la liqueur rouge, vous les verserez sur ce sucre, vous prendrez le papier par les coins, et jetterez le sucre et les framboises pêle-mêle, afin que les grains du sucre s'attachent par-tout à chaque framboise. Vous serez surpris de la parfaite ressemblance de ces framboises avec les naturelles. Otez-es doucement avec les doigts, de la masse du sucre; mettez-les sur du papier dans un lieu chaud pendant quelques jours ; puis vous les exposerez en vente. Ces framboises artificielles ont un goût singulier, mais très-agréable, et se conservent plusieurs années.

Massepain naturel. Prenez une partie de pâte de massepain, pétrissez-la, en semant la table avec du sucre. Votre pâte étant bien pétrie, vous en couperez des morceaux, que vous étendrez avec un rouleau de bois, jusqu'à ce que votre pâte soit mince d'un dos de couteau. Formez-en ensuite, au moyen d'un coupe-pâte, en fer-blanc (dont nous avons donné la description au sujet du sucre à la neige), des figures en grandeur convenable, comme roses, étoiles, cœurs, etc. ; coupez ensuite de la même pâte étendue des rayes de largeur d'un petit doigt de travers; humectez les marges de vos figures avec un pinceau trempé dans l'eau ; mettez votre raye de pâte dessus, en forme de muraille (Voyez Pl. I. fig. 15.); prenez alors un petit **Pl. 1. fig. 15.** morceau de bois fort mince, ou encore mieux, la tranche d'un petit couteau, pincez-en des rayes en zig-zag dans votre muraille. Cela fait, vous les mettrez sécher dans un lieu chaud pendant huit jours, après quoi vous les ferez frire à une chaleur très-modérée : si-tôt que vous vous appercevrez que vos figures commencent à devenir jaunâtres sur les bords ; retirez-les du four; faites cuire un peu de sucre dans de l'eau de fleur-d'orange ; étant cuit au perlé, vous en enduirez les bords ou murailles de vos figures ; remettez-le pour quelques instans au four, pour le faire sécher ; ensuite, faites le vernis blanc au sucre, selon le procédé indiqué page 18 ; enduisez-en le fond de chacune de vos figures ; ensuite tranchez de écorces d'oranges confites sèches, au moyen d'un couteau, en filets longs et minces; coupez de même du citronat en forme de lozanges ou carreaux; mettez proprement quelques filets d'écorce d'orange, en forme de branches, dans le fond de vos figures et sur l'enduit du sucre, pendant qu'il est encore humide; mettez çà et là de vos lozanges ou carrés de citronat, pour figurer comme feuillage; puis prenez des fruits confits au sucre, d'une belle couleur; comme noix vertes, mirabelles, cerises, abricots, etc.; rangez les avec élégance et en forme de fleurs, aux bouts de vos branches. (Voyez la fig.). Le tout étant orné selon votre gout, mettez vos massepains encore pendans quelques instans au four pour faire sécher et donner un éclat à votre vernis : étant sorti du four, frottez la partie haute des bordures avec un syrop quelconque; trempez ces bords dans de la nompareille; afin qu'elle s'y attache, et elles seront faites Au lieu d'un bouquet, vous pouvez, en cas que vous les destiniez pour des corbeilles aux fêtes, baptêmes ou noces, vous pouvez mettre, dis-je, des traits de lettres ou d'autres ornemens dans le fond de ces figures, selon votre gout.

Massepain naturel au fond blanc.

Pl. 2. fig. 15.

Si vous voulez que le fond, au lieu de blanc, soit rouge, vous mettrez dans le vernis blanc un peu de cochenille et quelques gouttes d'essence de roses; observez aussi qu'en composant ce vernis, il faut, au lieu d'eau de fleur-d'orange, prendre de l'eau de rose, pour ne pas faire une discordance dans les odeurs.

Massepain naturel à la rose.

Je répète qu'on peut faire du massepain toutes sortes de bagatelles en confitureries. J'en laisse l'invention au génie et à l'industrie des artistes actifs, pour ne les pas priver du mérite de l'invention, et d'ailleurs aussi pour ne pas grossir trop le volume de cet ouvrage.

DES PAINS D'ÉPICES.

Parmi les confitures en général, les pains d'épices faits d'après des procédés justes, occupent une des premières places, autant par la délicatesse de ceux qu'on appelle fin, que par les bénéfices très-considérables qu'ils donnent Parmi les pains d'épices mêmes, on distingue ceux de Hollande et plusieurs endroits en Flandres, puis ceux de Dantzik et Kœnisberg en Prusse. Il s'en fait des envois considé-

Pains d'épices.

rables dans tous les pays. Je suis très persuadé que la plupart des artistes de ce pays me sauront gré de ma sincérité, en leur révélant, avec toute la précision possible, un secret qui contribuera à augmenter en peu de temps leur fortune, si toutefois l'occasion et le goût du public facilitent la fabrication et le débit en grand de cette marchandise, comme c'est le cas en Flandres.

Pains d'épices de Hollande demi-fins. Prenez six livres de miel commun ; faites-le cuire sur un feu vif, jusqu'à ce qu'il n'écume plus ; pendant ce temps, passez par un tamis une partie considerable de farine dans une huche ; faites un creux au milieu de cette farine ; versez-y votre miel tout bouillant, et remuez-le, au moyen d'une très-grande et forte spatule, avec la farine ; continuez ce travail jusqu'à ce que le miel réduit en une pâte ferme, ne prenne plus de farine ; étendez pour lors votre pâte dans toute la longueur de la huche, et oubliez-la pendant un petit quart-d'heure, afin de la faire refroidir un peu. Le soir qui précède la journée dans laquelle vous vous proposez de faire ce travail, prenez trois onces de la meilleure potasse blanche ; mettez-la en infusion dans un demi-setier de lait ; laissez cela reposer pendant la nuit. Le lendemain, votre pâte étant faite et reposée un quart-d'heure, si vous trouvez, en y posant votre main, que la pâte ne soit plus trop chaude, vous frotterez la surface de votre pâte avec la totalité de l'infusion de potasse · cela fait, une personne robuste pétrira la pâte fortement avec les deux mains de tous côtés, comme les boulangers pétrissent la pâte du pain. Ensuite il faudra avoir des formes de pain d'épices en bois de poirier, dans lesquelles seront gravées assez profondément des octogones de différentes grandeurs, pour pouvoir contenir des quantités différentes de pâte, depuis le poids de huit onces jusqu'à seize. Les formes pour les pains d'épices au-dessous d'une demi-livre doivent être quarrées, en observant qu'elles doivent être gravées beaucoup plus profondes aux deux côtés de longueur, qu'au milieu ; coupez ensuite votre pâte en différens morceaux ; pour les pains d'épices d'une livre, prenez ving huit onces de pâte ; pour ceux d'une demi-livre, quatorze onces ; pour ceux de quatre onces, sept onces de pâte, et ainsi en proportion ; pétrissez chaque morceau séparément, un peu sur la table ; frottez-les un peu avec de la farine, afin qu'ils ne s'attachent pas à la forme, et mettez chaque morceau de pâte dans la forme, dont la grandeur est propre à son poids. Ayant bien comprimé la pâte avec les

mains

mains dans les formes, vous renverserez ces formes sur la table, afin d'en faire sortir la pâte : rangez vos pains d'épices l'un à côté de l'autre sur une platine de fer-blanc qui doit être frottée auparavant avec de l'huile d'olives ; ôtez alors avec une brosse molle les traces de farine qui pourroient se trouver sur la surface de vos pains d'épices ; mettez-les au four, dont la chaleur ne soit ni trop forte, ni trop foible. Pendant qu'ils sont au four, faites cuire de la colle forte avec une quantité suffisante de bierre rouge ; votre colle étant dissoute, et les pains d'épices suffisamment cuits, retirez ceux-ci du four, et frottez-en la surface partout avec cette colle, au moyen d'un pinceau. Prenez ensuite des amandes fendues, du citronat et des écorces d'oranges confites au sucre ; coupez-les en lozanges, et ornez la surface de vos pains d'épices pendant qu'ils sont encore humides et chauds. Prenez une autre partie d'écorces d'oranges ; ôtez-en le blanc avec un couteau ; faites cuire les écorces jaunes dans de l'ail, mais pas trop long-temps. Hachez-les ensuite grossièrement, et étendez-les sur la table ; vos pains d'épices étant à-peu-près refroidis, vous les séparerez avec un couteau, puis vous prendrez les plus grands depuis une demi-livre et au-dessus ; appuyez-en les tranches sur les écorces d'oranges hachées, de manière que celles-ci s'attachent aux tranches ; vos pains recevront par-là un aspect agréable, et comme s'ils étoient *remplis* d'écorces d'oranges. — Si vous voulez, vous pouvez aussi mettre du citronat et des écorces d'oranges dans vos pains d'épices, en les pétrissant dans la pâte.

Pour faire des pains d'épices d'Hollande de la première qualité, vous ferez une pâte avec la même quantité d'ingrédiens, et exactement selon la même méthode que j'ai décrite ci-dessus. Votre pâte étant d'ailleurs toute faite, et la potasse y étant pétrie, vous verserez encore sur votre pâte les épices suivans : quatre onces d'anis de Verdun, deux onces de coriandre, autant de canelle, et une once de cloux de girofle ; toutes ces choses doivent être réduites en poudre impalpable ; puis, une livre de citronat et autant d'écorces d'oranges confites, toutes deux coupées en tranches minces ; pétrissez exactement toutes ces drogues dans votre pâte ; coupez la totalité de votre pâte par morceaux, du poids de vingt-huit onces chacun, [étant cuits ils ne péseront qu'une livre chacun] étendez chaque morceau avec les mains sur la table, afin de leur donner une forme quarrée, de la hauteur de deux ou trois doigts de travers environ ; mettez tous ces quarrés l'un à côté

E

Première qualité.

de l'autre, sur une platine de fer, qui ait été frottée auparavant avec de l'huile d'amandes. Sur les quatre bords de la platine, et contre les pains d'épices, vous mettrez quatre listeaux en bois de chêne, pour empêcher les pains d'épices de s'amincir sur les quatre côtés cela fait, trempez un pinceau dans du lait, et frottez-en la surface de vos pains d'épices, mettez vos platines au four, et faites-les frire à une chaleur modérée, jusqu'à ce qu'ils soient bien montés, et aient contracté une couleur brunâtre. Pendant qu'ils sont au four, prenez une partie d'amandes douces, pelez-les selon l'art, et fendez-les en deux; fendez du citronat, ou, si vous voulez, des écorces d'oranges, en tranches minces. Vos pains d'épices sortant du four, frottez-les de suite avec une décoction de colleforte de bierre; immédiatement après, et pendant que le vernis est encore humide, vous garnirez la surface aux quatre coins et au milieu de chaque pain d'épices avec les amandes et le citronat, ou écorces d'oranges, avec élégance.

Les mêmes à une autre manère.

Prenez une livre de réglisse; faites-la bouillir avec six pintes de lait, jusqu'à ce que le fluide soit diminué de moitié; passez pour lors la décoction par un tamis dans une casserole; ajoutez-y six livres de miel, avec lequel vous le ferez bouillir pendant un quart-d'heure. Versez-le pour-lors dans une huche, sur une partie de farine, avec laquelle vous le mêlerez, au moyen d'une longue et forte spatule, en y faisant entrer le plus de farine que vous pourrez; cela fait, vous étendrez votre pâte dans la huche, afin de la faire réfroidir un peu. N'étant plus trop chaude, vous arroserez votre pâte avec un demi-setier de lait, dans lequel vous aurez fait infuser, la veille, quatre onces de la meilleure potasse; pétrissez-le bien dans votre pâte, et mêlez-y aussi les épices suivantes : deux onces de canelle, autant de coriandre, autant d'anis de Verdun, et une once et demie de cloux de girofle; le tout réduit en poudre fine; puis, de citronat et d'écorces d'oranges, de chacun une livre, hachés ou coupés grossièrement ensemble; ayant petri le tout exactement dans votre pâte, vous le formerez de la même grosseur et du même poids, et les ferez frire précisément de la même manière qu'il est dit dans la recette précédente, hormis qu'au lieu de la cole, vous les frotterez simplement avec du lait en sortant du four, puis vous les garnirez avec des amandes et du citronat, comme ci-dessus.

Quelquefois on ommet de cette pâte toutes les épices et aromates, et on n'en garnit pas même la surface avec des amandes et des citronats ; ces pains d'épices serout pour lors censés être de la seconde qualité.

A Rotterdam, et quelques autres lieux de la Hollande, on étend cette dernière pâte, sans épices, au moyen d'un rouleau, jusqu'à ce qu'elle soit mince d'un dos de couteau ; ou la coupe alors par petites tablettes de la grandeur d'une carte à jouer ; on les range sur une platine de fer, que l'on a frotté avec de l'huile d'olive, et on les fait cuire à une chaleur modérée ; en sortant du four, on les enduit de sucre cuit avec de l'eau de fleur-d'orange en consistance de syrop ; étant secs, on les met quatre à quatre en paquets, dont chacun soit lié avec du fil en croix.

Pour faire les pains d'épices communs, faites bouillir trois livres de miel avec quatre livres d'eau pendant un quart-d'heure ; puis versez-le tout bouillant sur de la farine, après l'avoir bien remué ensemble, en y faisant entrer le plus de farine qu'il sera possible ; et après être un peu réfroidie, vous arroserez votre pâte avec trois onces de potasse, que vous aurez mis, la veille, infuser dans un demi-setier de lait ; ajoutez-y, si vous voulez, de l'anis en poudre ; pétrissez bien votre pâte avec les mains, et étendez-la avec un rouleau sur une table semée de farine, formez-en de petites figures, en y appuyant des coupe-pâte ; rangez ces figures sur des platines en fer, frottées à l'huile et faites-les frire an four ; étant cuits, vous les enduirez encore une fois avec du lait. Ces petites figures en pain d'épices se vendent au poids.

On fait aussi des noisettes de la même pâte, en y faisant entrer davantage d'anis : il faut rouler votre pâte avec les mains en forme de saucisses de la grosseur d'un petit doigt ; coupez ces saucisses en petits dés carrés ; mettez-les ensuite sur une platine ; laissez reposer et sécher ces noisettes pendant quelques jours dans un lieu chaud, avant de les mettre au four. Etant cuites, vous séparerez l'une de l'autre celles qui se sont collées ensemble, et vous les exposerez en vente. Elles se vendent au poids, comme les précédentes.

Nota. Il est très-essentiel de bien pétrir la pâte aux pains d'épices, 1°. pour y faire entrer le plus de farine qu'il sera possible ; et 2°. pour que la potasse soit partagée également par-tout dans la pâte ; sans cela, votre pâte mon-

Observa-
tion.

teroit beaucoup en quelques endroits, et en d'autres point du tout. Tous les pains d'épices en général, excepté les noisettes, doivent être frottés, au moyen d'un grand pinceau, avec du lait, avant de les mettre au four ; leur surface sera par-là, pour ainsi dire, nettoyée et polie, et l'aspect en deviendra plus beau. Etant cuits, vous choisirez quelle couleur vous voulez donner à a surface de vos pains d'épices ; vous les endnirez en conséqence toutes chaudes, ou avec de la colle forte cuite dans de la bierre, si vous voulez les avoir bruns, ou avec du lait, si vous les desirez bruns-clair. En les garnissant de citronat et d'amandes, le vernis doit être encore humide, sans quoi le citronat ne s'y attache plus.

DES OUVRAGES AU CHAUDRON.

Ouvrage
au chaudron
et à la poële.

On appelle ouvrages au chaudron ou à la pöele, cette partie importante des travaux du confiseur, qui se fait avec du sucre, et au moyen du chaudron ou de la poele ; tels sont, par exemple : toutes les confitures au sucre, syrops, fruits au sucre et à l'eau-de-vie, gelées, etc. Et comme la cuisson et la clarification du sucre ont beaucoup de rapport avec le procédé qui concerne la plupart de ces ouvrages, il faut de toute nécessité connoitre les différens degrés de cuisson de sucre, et le moyen de clarifier parfaitement ; c'est aussi par où nous allons commencer.

De la clari-
fication et
cuisson du
sucre.

On observera d'abord, comme règle générale, qu'il faut environ une demi-bouteille d'eau de fontaine ou de rivière, et environ le quart d'un blanc d'œuf bien battu, pour chaque livre de sucre qu'on se propose de clarifier. Pour mieux me faire entendre, je crois qu'il ne sera pas mal d'établir une dose fixe de sucre, et de suivre le procédé dans toutes ses parties.

Clarifica-
tion du su-
cre.

Commencez donc par prendre quatre livres de sucre, que vous casserez par morceaux ; prenez ensuite une poele à confitures, dans laquelle vous mettrez un blanc d'œuf ; délayez ce blanc d'œuf avec un verre d'eau, ayant soin de bien fouetter le mélange avec un petit balai d'osier ou de bouleau ; ajoutez peu-à-peu deux bouteilles d'eau, en fouettant bien le tout, chaque fois que vous mettez l'eau. Quand vous aurez achevé de bien incorporer la totalité de votre eau avec le blanc d'œuf, et que tout le mélange sera bien en mousse, vous y jetterez vos quatre livres de sucre, et vous mettrez votre poële sur le feu, en ayant soin de lever l'écume,* qui ne manquera pas de paroître lorsqu'il viendra à bouillir. Après quelques bouillons, le sucre ne manquera pas de s'élever au point de passer les bords de la poële ; pour empêcher qu'il ne se répande au dehors, il faudra l'abattre en y versant un verre d'eau froide, ce qui vous donnera le temps de l'écumer. Il ne faut jamais prendre l'écume quand le sucre bouillonne, mais il faut attendre qu'il monte, l'abattre alors avec un verre d'eau, ce qui tranquilisera le sucre, et c'est alors qu'il faut l'écumer. Continuez toujours à ajouter trois à quatre fois de l'eau et à l'écumer, jusqu'à ce qu'il ne fasse plus qu'une petite écume légère et blanchâtre ; retirez alors la poële du feu, prenez une serviette, que vous mouillerez légèrement ; vous l'étendrez sur une terrine bien propre, et vous passerez le sucre, qui se trouvera parfaitement clarifié.

Clarification du sucre.

Après la clarification du sucre, il faudra lui donner le degré de cuisson relatif à l'objet que vous vous proposez. Les artistes en ont établi six, par lesquels ils règlent toutes leurs opérations. Quand ils veulent exprimer ces différens degrés de cuisson, ils disent : Cuire le sucre au lissé, au perlé, au soufflé, à la plume, au cassé et au caramel.

Cuisson du sucre.

1°. On connoît que le sucre est cuit au lissé, lorsqu'après en avoir reçu une goutte sur le pouce, et y avoir joint le doigt index, on le sépare tout d'un coup ; si pour lors il se fait un petit filet d'un doigt à l'autre, qui se rompt tout de suite, vous pouvez être sûr que votre sucre est au lissé ; si le filet est presque imperceptible, le sucre n'est cuit qu'au petit lissé. Il ne faut pas s'aviser, pour faire cette épreuve, de tremper son doigt dans le sucre bouillant, on se brûleroit : il suffira donc de tremper l'écumoire dans la poële, et l'élevant un peu au-dessus, vous recevez la goutte de sucre, qui coulera du bord sur votre pouce, ce qui suffit pour faire votre essai.

Au lissé.

2°. Votre sucre ayant jetté quelques bouillons de plus,

Au perlé.

---

* *Observation.* Il ne faut pas rejetter l'écume comme inutile ; au contraire, en clarifiant ou cuisant du sucre, tenez un vase de verre ou de fayance, à coté de vous ; mettez toute l'écume dedans, et, ayant fini votre cuisson, lavez la poële et l'écumoire avec un verre d'eau, et versez cette eau dans le vase avec l'écume, pour la conserver pour un autre usage, que j'indiquerai dans la suite.

Au perlé. vous réitérerez le même essai: si en séparant vos deux doigts, le filet qui se forme s'étend un peu sans se rompre, le sucre est sensé cuit au petit perlé; et on appelle grand perlé, le sucre cuit au point de pouvoir s'étendre entièrement sans se rompre, quoique les deux doigts soient séparés l'un de l'autre autant qu'ils peuvent l'être. On connoît encore ce degré de cuisson, à la figure du bouillon; il forme alors comme une manière de perles rondes, qui paroissent rouler les unes sur les autres.

Au soufflé. 3°. Après quelques bouillons encore, trempez votre écumoire dans le sucre; ensuite, en le prenant à la main, et l'ayant un peu déchargé en frappant sur le bord de la poele, soufflez à travers des trous, en allant et revenant d'un côté à l'autre; s'il en sort comme une sorte de petite bouteille, votre sucre sera au degré que l'on nomme, au soufflé.

A la plume. 4°. Si vous laissez cuire votre sucre jusqu'à ce que vous apperceviez, au lieu de perles, dont nous avons parlé plus haut, des espèces de bouteilles, qui, après s'être élevées, crèvent tout de suite, et laissent échapper beaucoup de fumée, vous pouvez établir que votre sucre est bien près d'être à la plume. Passez alors votre écumoire par le milieu de la poele, retirez-là, en secouant fortement en l'air, vous appercevrez votre sucre sous la forme de filasse volante; il sera pour lors à la grande plume.

Au cassé. 5°. Pour connoître si votre sucre est au cassé, il faut prendre un verre plein d'eau fraiche, vous y tremperez le bout de votre doigt, que vous plongerez dans le sucre bouillant; vous aurez soin de le retirer bien vîte, pour le plonger dans le verre d'eau froide; si pour lors, en froissant le sucre entre vos doigts, le sucre adhérent se casse en faisant un petit bruit, il sera au cassé.

Au caramel. 6°. Le sucre cuit au cassé, s'attache toujours comme de la poix, lorsqu'on en met entre les dents; pour être au degré que l'on nomme caramel, il faut qu'il se casse net sous la dent, sans s'y attacher. Or, ce degré n'est pas facile à saisir; car pour peu que vous manquiez le point requis, votre sucre est sujet à se brûler, au moyen de quoi il n'est plus bon à rien. Il faudra donc être bien attentif, et répéter souvent l'essai sous la dent : dès que le sucre commencera à ne plus s'attacher, il sera au caramel.

NotA. Il est essentiel d'observer qu'il ne faut jamais laisser l'écumoire dans la poële au sucre après la clarification et, après que toute l'écume sera prise, et de ne pas remuer le sucre, parce qu'il mourroit, c'est-à-dire, qu'il diminueroit sensiblement.

Seconde observation. Le sucre que l'on cuit, sur-tout au cassé et au caramel, monte et retombe toujours ; en retombant, vous remarquerez qu'il a laissé sa trace sur les bords de la poële. la chaleur fera bientôt brûler le sucre adhérent aux côtés et aux bords de la poële. et par-là gâtera toute la masse du sucre, au point de n'être plus bon à rien. Pour éviter cet accident, il faudra avoir à côté de vous une terrine remplie d'eau froide, et une éponge, et laver à chaque fois que le sucre sera tombé, les côtés intérieurs de la poële très-proprement.

Ayant acquis une connaissance exacte de la clarification et des différens degrés de cuisson du sucre, vous pouvez commencer par faire toutes sortes d'ouvrages à la poële.

Prenez deux livres de sucre royal, clarifiez-le dans une poële à confiture, et faites-le cuire jusqu'au degré qu'on nomme au caramel ; avant d'être à ce point rapez l'écorce jaune d'un beau citron, et versez cette écorce dans le sucre : pendant qu'il cuit, faites fondre, dans une petite casserole, un peu de beurre, écumez-le, et versez-le clair dans un petit vase quelconque ; prenez de ce beurre une petite cuillerée à café, et frottez en avec la main la surface d'une platine ou table de marbre ; [il est très-essentiel que le beurre ne contienne ni du sel ni aucune espèce d'humidité ; et c'est pour cette raison que je vous ai conseillé de faire fondre le beurre auparavant sur le feu ; car, si l'on néglige cette précaution, le sucre s'attachera au marbre, de manière que vous ne serez plus capable de l'en séparer qu'à coups de hache.] Lorsque votre sucre sera cuit au caramel, versez-le sur la table de marbre, ensuite prenez une longue épée, au moyen de laquelle, tenant un bout dans chaque main, vous empreiguerez des lignes dans votre sucre dont chacune soit éloignée de l'autre d'un pouce ; puis empreignez de pareilles lignes à travers les premières, afin de former de petites tablettes d'un pouce carré. [Voyez la figure.] Mais il faut tâcher de faire ce travail le plus vite possible, de peur que le sucre se refroidisse, et ne reçoive alors aucune empreinte. Passez pour-lors avec votre épée entre le sucre et le marbre, afin d'en séparer

Bombons au citron.

Voyez Pl. H. fig. 1.

Bombons au citron. le sucre que vous mettez sur quelques feuilles de papier ; étant entièrement refroidi, frisez et séparez les petits carreaux l'un de l'autre, et enveloppez chaque bonbon dans du papier, selon l'usage.

Bombons au chocalat. Les bonbons au chocalat se font comme les précédents, hormis qu'au lieu de citron, vous prendrez pour deux livres de sucre, un quarteron de chocolat ; tenez ce chocolat sur une assiette sur le feu, afin qu'il s'amolisse, puis ajoutez-y quelques cuillerées de votre syrop, qui ne doit être cuit alors qu'au fort perlé ; remuez bien le chocolat, afin de le réduire en pâte déliée : cela fait, vous le verser z dans la poële sur votre syrop de sucre, et faites-le cuire jusqu'au caramel ; le reste du procédé est le même que j'ai indiqué ci-dessus.

Sucre d'orge.

Voy. Pl. II. fig. 2.

Pl. II. fig. 3. Clarifiez deux livres de sucre, et faites-le cuire au caramel : mais au lieu de vous servir d'une poële à confiture, il faut vous servir d'une casserole de cuivre qui ne soit par large, mais profonde, et qui ait un bec. Le sucre étant cuit au caramel, versez-le par lignes ou rayes, chacune de la largeur d'un pouce, sur la table de marbre frottée de beurre. Pour ce travail, il faut avoir trois personnes ; une versera le sucre sur le marbre, et deux autres prendront dans chaque main un bout de ces lignes de sucre qu'elles tourneront à vis, jusqu'à ce qu'il ait la façon du sucre-d'orge. Cela fait, laissez refroidir votre sucre-d'orge ; brisez-le en morceaux de la longueur couvenable, et mettez-le dans un bocal de verre pour le conserver dans un lieu sec. (Voyez pl. 11 fig. 3 ; en haut, sur le marbre, se trouvent quatre rayes de sucre, et en bas en est une qui est déjà tournée.)

Pastilles.

Pl. II fig. 2.

Pl. II. fig. 4.

Pl. II. fig. 5. Pour faire des pastilles, il faut avoir, 1°. une petite casserole de cuivre, contenant une demi-pinte environ ; il faut tâcher qu'elle ait une circonférence autant petite que possible : sur le côté droit, il doit être appliqué un bec très-pointu ; il est bon qu'elle ait un manche de bois assez long pour pouvoir la tenir commodément pendant le travail ; de plus, il faut avoir, 2°. deux bâtons de bois : le premier est un morceau de bois tourné, de la longueur d'un bras et de l'épaisseur de quatre doigts ; on le nomme en termes de l'art, *bois à tabeller* ou *de tabeliage*; le second bois est de l'épaisseur d'un doigt et de la longueur de deux ; mais en bas assez pointu pour que sa pointe s'ajuste exactement dans la pointe du bec de la casserole ; on appelle

cet

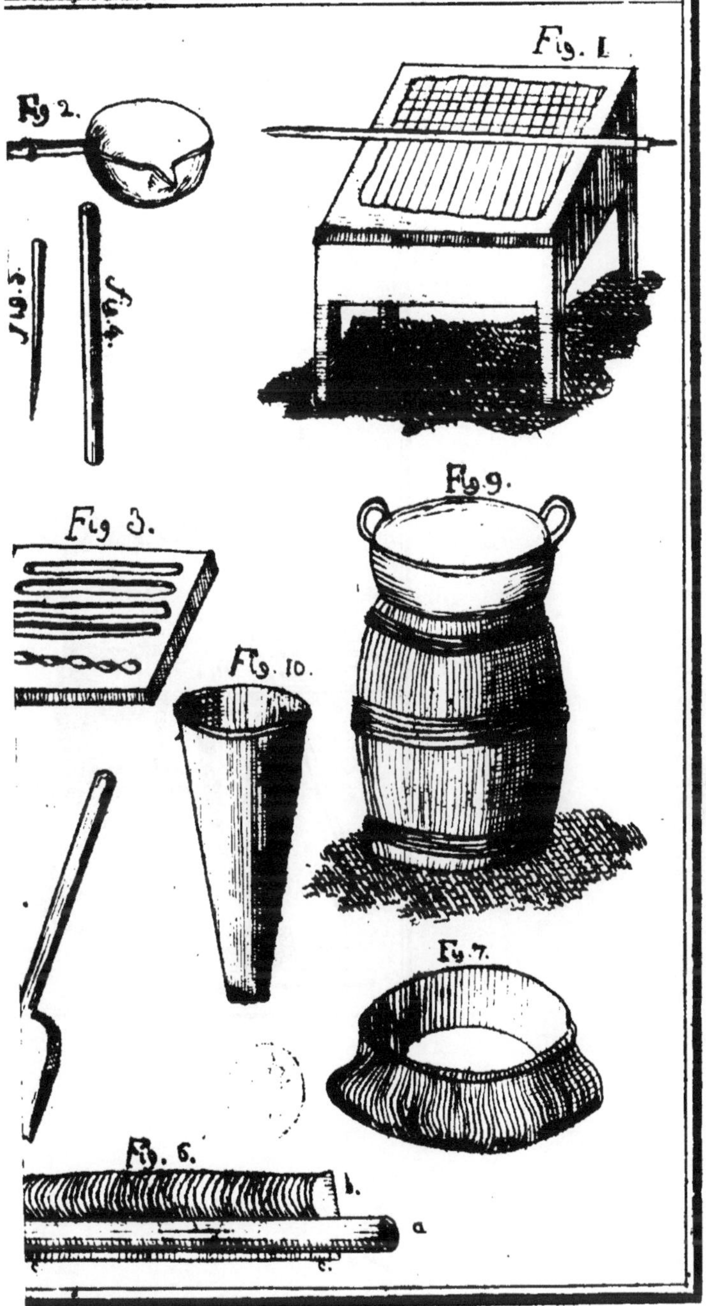
Fig. 1.
Fig. 2.
Fig. 5.
Fig. 4.
Fig. 3.
Fig. 9.
Fig. 10.
Fig. 7.
Fig. 6.
a
b

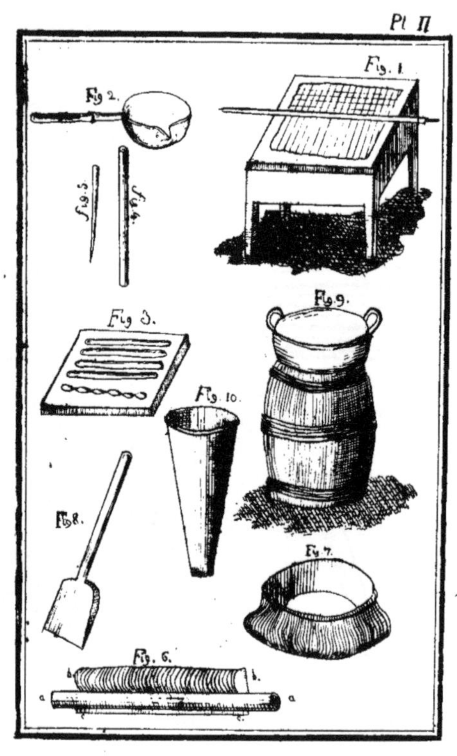

Pl. II
Fig. 1.
Fig. 2.
Fig. 3.
Fig. 4.
Fig. 3.
Fig. 9.
Fig. 10.
Fig. 8.
Fig. 7.
Fig. 6.

cet instrument *bois à égoutter* (Voyez la figure) : de plus, PI. II. f g 5.
il faut que vous ayez six à huit platines de fer-blanc,
chacune de la grandeur d'une feuille commune de papier
à écrire. Je n'ai pas besoin d'avertir qu'après en avoir fait
usage, il faut les laver et sécher proprement, pour les
préserver de la rouille.

Lors donc que vous voulez faire des pastilles, prenez Pastilles
une ou deux livres de sucre royal, réduit en poudre im- assorties ou
palpable; passez-le par un tamis de soie sur une grande fines.
feuille de papier. Mettez quatre à six cuillerées de ce sucre
dans la casserole décrite ci-dessus; versez par-dessus un
peu d'eau de fleur-d'orange, et remuez ce mélange
avec le bois à tabeller; votre mélange doit être assez délié
pour qu'il coule aisément du bois, sans cependant être Blanches
clair; car dans ce cas, il faut ajouter encore du sucre; à la fleur-
mettez alors votre casserole sur un réchaud rempli de char- d'orange.
bon, où il faut le laisser en le remuant toujours jusqu'à
ce qu'il commence à bouillir : ôtez pour lors votre casserole du feu; versez encore deux cuillerées de sucre dedans, et remuez bien le mélange avec le bois à tabeller;
cela fait, nettoyez le bois à tabeller du sucre adhérent;
mettez-le de côté, et prenez à sa place, dans la main droite,
le petit bois (*le bois à égoutt r*); avec la gauche, vous
tiendrez la casserole dessus une platine de fer-blanc. Commencez de frapper avec la pointe du petit bois dans la
pointe du bec de la casserole et sur le sucre qui doit
être coulé jusque là, afin d'en séparer et faire tomber une
goutte après l'autre sur la platine de fer-blanc, de manière qu'à chaque coup que vous donnerez sur la pointe
du bec, il en sorte une goutte, et pas davantage. Cette
manœuvre est un peu difficile à saisir pour quiconque ne
l'a pas encore vu; mais un peu d'exercice mettra l'artiste
à même de le faire très-aisément. Votre platine étant
remplie, remettez la casserole au feu, après y avoir versé
du sucre et de l'eau de fleur-d'orange. remuez-le avec *le
bois à tabell r*, et frappez, le comme nous l'avons dit : continuez ce travail, jusqu'à ce que vous jugerez avoir assez
des pastilles blanches. Vos pastilles étant devenues froides
et dures, vous les ôterez des platines avec la main, pour
les mettre dans des tamis ou boîtes, couvrez les avec du
papier, et gardez les dans un lieu sec.

Pour faire des pastilles rouges, prenez une certaine quan- Pastilles
tité de safran bâtard rouge, et un petit morceau d'alun rouge à la
calciné, faites-les cuire avec une quantité suffisante d'eau, rose.

F

Pastilles rouges à la rose. jusqu'à ce que l'eau soit bien empreinte de la couleur du safran ; passez pour lors cette décoction par le filtre, ou à son défaut, par un linge serré. Mettez ensuite dans la casserole à bec cinq à six cuillerées de sucre ; délayez-le avec l'eau rouge ; étant remués avec *le bois à tabeller*, vous le mettrez au feu ; commençant à bouillir, vous y ajouterez encore deux cuillerées de sucre ; après avoir été tabellé ou remué, vous le parfumerez avec quelques gouttes d'essence de roses, puis les dresserez en gouttes comme les précédentes.

Pastilles bleues à la violette. Prenez une certaine quantité de syrop violat ; mêlez-le avec égale quantité d'eau commune ; servez-vous de cette eau, au lieu d'eau de fleur-d'orange, et suivez en tout le procédé indiqué plus haut pour les pastilles blanches. Si vous voulez, vous pouvez les parfumer avec de l'huile de violettes ; mais il n'est pas nécessaire ; car ils auront déjà reçu assez de parfum par le syrop violat.

Pastilles jaunes au cèdre ou à la bergamotte. Les pastilles jaunes seront faites selon la même méthode, avec une décoction de safran, qui ait passé par le filtre ou par un linge simplement : on leur donne du parfum avec quelques gouttes d'essence de cèdre ou de bergamotte, au choix.

Selon cette méthode, vous pouvez faire des pastilles à toutes sortes de couleurs, en donnant à chacune une odeur adaptée à sa couleur.

Pastilles communes. Pour les pastilles communes, vous pouvez prendre douze onces de sucre commun et quatre onces de poudre, et vous omettrez les parfums ; mais il s'en faut de beaucoup qu'elles soient aussi belles que les fines ; et pour peu que vous les laissiez trop long-temps sur le feu, elles seront sujettes à devenir gluantes.

Des Confitures couvertes au Chaudron.

Des confitures couvertes au chaudron. CETTE partie des travaux en confiturerie exige des ustensiles, des soins, des précautions, et sur-tout de l'intelligence, sans quoi il seroit impossible d'observer toutes les particularités si exactement qu'il le faut pour réussir. Mais je tâcherai d'expliquer, le plus clairement possible, toutes les manœuvres, sur-tout parce que ce sont des travaux qui récompensent généreusement l'artiste actif et intelligent, par les bénéfices considérables qu'il y peut faire.

[43]

Pour faire cette espèce de confiture, il faut avoir, 1°. une poële à confiture, dont la circonférence doit être très-grande, mais dont le bord n'excède pas la hau'eur de trois quarts de pied; le fond de c tte poële doit être uni et plat, c'est-à-dire, il ne doit pas être plus profond au milieu qu'aux côtés. Il faut qu'il y ait sur les côtés et au milieu du bord trois anses en fer; celle du milieu [Voyez la figure ci-jointe *A*.] doit avoir six pouces de circonférence; et celles des deux côtés *B B*, auront un pied de circonférence; celles-ci doivent être forgées plates en haut, et munies d'un trou au milieu, dans lequel on applique un crochet à tête, *C C*; 2° Attachez au plafond de votre laboratoire un grand et fort crochet de fer, *d*; appliquez y une grande poulie, autour de laquelle se trouve une grosse corde, dont la longueur se trouve proportionnée de la hauteur de la chambre; il faut que la poulie soit mobi'e en tout sens; aux deux bouts de cette corde attachez deux petits crochets pareils à ceux qui sont dans les trous des deux anses de la poële, *c c*; de manière qu'en attachant ensemble les deux crochets de chaque côté, la poële se trouvera suspendue comme une balançoire; 3°. Sous cette poële, on met un fourneau à vent, ainsi appellé, parce qu'il a deux portes, la grande pour y mettre le feu, et la petite porte en bas, *f*, sert à faciliter le passage de l'air dans le fourneau. Au défaut d'un pareil four-neau, vous pourrez vous servir d'un grand fourneau de cuisine; mais il faut que le trou à feu ait au moins un pied et demi carré, sur un pied de profondeur, pour pou-voir y mettre beaucoup de charbon allumé. La poële doit être suspendue assez près du fourneau, pour profiter de toute la chaleur, sans cependant courir risque de toucher ou de renverser le fourneau, en brandillant la poële en tous sens. S'il y a un espace de quatre doigts de travers en-tre les deux machines, cela suffit. Cependant vous n'avez be-soin de cet appareil, qu'en vous proposant de sucrer des amandes, de coriandre, de cubebes et de dragées; quant aux autres semences, par exemple, de fenduil, de cumin, d'anis, etc. Vous pouvez vous servir d'un appareil beaucoup plus simple : il consiste en un tonneau de quatre à cinq pieds de hauteur, et dont les deux fond sont été ôtés, dans l'intérieur duquel vous placerez un réchaud sur une émi-nence quelconque, de manière que la chaleur du feu con-tenue dans ce réchaud frappe assez fortement le fond de la poële que vous avez mise sur l'ouverture de ce ton-neau [Voyez la figure.]. Il faut que la circonférence de ce

2

tonneau soit proportionnée à celle de la poële, pour que le fond de celle ci entre un peu dans l'ouverture du tonneau.

Ces préparatifs présupposés, nous allons commencer:

Amandes blanches fines.

Il y a deux sortes d'amandes sucrées, les fines et les communes. Pour les fines, choisissez-vous des amandes douces les plus belles et les plus grandes ; prenez-en une telle quantité qu'il vous plaira ; lavez-les dans l'eau froide, et faites-les égoutter et sécher sur un tamis pendant vingt-quatre heures. Le lendemain, pesez vos amandes, et prenez sur chaque livre de celles-ci, trois livres de sucre : clarifiez-le selon le procédé que nous avons indiqué ; faites-le cuire au petit lissé, et laissez-le refroidir un peu. Remplissez le fourneau à vent [voyez Planche 3,] d'un bon feu de charbon ; suspendez dessus la grande poële ; mettez à portée de vous, à droite, un réchaud avec quelques charbons, sur lequel vous poserez la petite poële à confiture qui contient votre syrop, et une grande cuiller à potage ; il faut que le syrop soit tenu tout chaud sur ce feu, pendant tout le temps de l'opération, sans bouillir cependant : il faut que vous puissiez tremper vos doigts dans le syrop sans vous brûler ; à gauche du fourneau, vous tiendrez une petite table sur laquelle il y aura pour chaque livre d'amandes une demi-livre de poudre et une demi-livre de fleur de farine tamisée et mêlée exactement ensemble : tout cela étant arrangé, mettez vos amandes dans la grande poële ; versez par-dessus une ou deux grandes cuillerées de votre syrop, et remuez le tout avec la main gauche, de manière que les amandes soient par-tout humectées du syrop ; prenez pour-lors avec la main droite quelques poignées de farine et poudre que vous sémerez sur les amandes humides ; remuez-les encore avec la gauche, afin que la poudre s'attache également par-tout aux amandes : après, vous brandillerez la poële, et en la prenant par la petite anse A, vous la pousserez en bas, de manière que par suite de ces mouvemens, les amandes tombent pêle-mêle de tous côtés ensemble ; continuez cela jusqu'à ce que les amandes soient devenues sèches ; arrosez-les pour-lors avec quelques cuillerées de syrop, et après les avoir mêlées, vous les poudrerez avec quelques poignées de poudre-farine, puis vous les brandillerez comme la première fois : étant redevenues sèches, vous les arroserez pour la troisième fois, et continuerez cette manœuvre jusqu'à ce que vous jugiez vos amandes assez grandes ou assez enduites, donnez-leur pour-lors une dernière couche de syrop, sans les semer de poudre, et étant brandillées et sèches, vous les ôterez de la poële pour les faire sécher parfaitement dans des tamis dans lesquels vous les mettrez pendant quelque tems à un lieu chaud, après quoi vous les exposerez en vente. Les cubebes s'enduisent de la même manière.

Il est à observer qu'après avoir donné quelques couches de syrop et de farine à vos amandes, il se formera une croûte blanche au fond de la grande poële ; c'est le sucre et la poudre surabondans qui s'attachent à la poële ; sitôt que vous appercevrez que cette croûte va devenir un peu épaisse, il faut ôter la poële du feu, la vider, et au moyen d'une spatule de fer, d'en ôter et gratter cette croûte ; ensuite vous laverez votre poële proprement avec de l'eau, vous l'essuirez avec un linge, y remettrez vos amandes, et continuerez votre travail comme auparavant. Répétez cela de temps en temps, et sitôt que vous verrez qu'elle devient épaisse ; parce que plus long-tems vous la laisserez pendant le travail dans la poële, plus de sucre et de farine s'y attacheront. La même observation est applicable à toutes les autres confitures sucrées en blanc dans la poële. Ne rejettez pas comme inutile ce regrat ; vous pouvez l'utiliser, soit en le versant dans la boîte à rebut, dont nous avons parlé plus haut, ou soit en le réduisant en poudre fine et en le mêlant avec la farine que vous emploierez pour les amandes blanches communes.

Pour faire les amandes blanches communes, vous prendrez des amandes douces d'une qualité inférieure et petites ; puis de la farine, sans poudre, et du sucre d'une qualité inférieure, que vous n'aurez pas besoin de clarifier ; si vous voulez, mêlez le regrat de la poële avec la farine. Au reste, le procédé est le même qu'aux amandes fines.

Prenez une livre de graine de coriandre, et une assez grande quantité de farine, que vous pouvez prendre inférieure à celle que vous avez employé aux amandes ; il n'est pas nécessaire que le sucre soit clarifié ; suivez au reste en tout le procédé que j'ai indiqué pour les amandes blanches, excepté que les deux ou trois dernières couches se feront, au lieu de la farine, avec de la poudre fine, afin de rendre vos pois plus blancs. Etant faits, vous les verserez dans des tamis, pour les faire sécher pendant huit jours dans un lieu chaud.

Grains de coriandre sucrés , en frisures.

Si vous voulez friser vos pois au sucre, ayez soin d'avoir une espèce d'entonnoir de fer-blanc, qui ait environ trois quarts de pied de longueur, sur un pied de circonférence (Voyez la figure 2), le tuyau *a* ne doit avoir que la grosseur d'une plume à écrire, en haut ; sur les rebords de la machine sont, sur les deux côtés, deux trous ou bagues *b b*, par lesquels on passe doublement un petit cordon, qu'on Pl. III fig. 2. noue aux deux trous ou bagues *b b* ; dans le milieu de ce cordon, qu'on doit tourner à la même façon que celle d'une scie ; mettez un petit bâton de la longueur d'un pied et de la minceur d'un petit doigt : il faut cependant que ce bâton soit peu-à-peu très-pointu en bas, afin qu'il puisse entrer facilement dans le tuyau de l'entonnoir, sans le boucher (Vous comprendrez encore mieux cet appareil en lisant avec attention ce que je dirai plus bas de l'usage de cet instrument). Tournez la double corde dont j'ai parlé, jusqu'à ce qu'elle soit bien fermement tendue ; passez - y pour lors la pointe de votre petit bâton, lequel vous pousserez dans le tuyau, de manière qu'il en sorte dehors avec la pointe *d*. La corde doit être assez fermement tendue pour qu'elle empêche le bâton de s'avancer plus que vous ne voudriez, et qu'il ne bouge point. La pointe doit être assez fine pour qu'elle sorte hors du tuyau de la longueur d'un pouce, sans boucher le trou du tuyau : de plus, appliquez sur le bord de cet entonnoir quatre petits trous ou bagues, diamétralement opposées, *e e e e* ; attachez - y quatre cordons d'égale grandeur, que vous nouerez ensemble, au point *f*, dans lequel vous insérerez un petit crochet, *g*. Ensuite tendez une corde à une certaine hauteur, au moyen de deux clous, diamétralement opposés, que vous insé-Pl. III. rerez dans les murailles de votre laboratoire, *f f*, en observant que cette corde doit passer justement au milieu, entre les deux cordons qui tiennent la grande poële, de manière qu'en brandillant et mouvant la poële en tout sens, vous ne toucherez point du tout contre la corde diagonale, *f f*. Le tout étant ainsi préparé, vous allumerez du feu dans le fourneau, sous la grande poële ; vous mettrez dans celle-ci les grains de coriandre couverts, ou les pois sucrés que vous aviez fait, et que vous avez fait sécher pendant huit jours dans un lieu chaud. Pendant ce temps, vous ferez cuire une certaine quantité de sucre, au degré qu'on nomme au grand perlé ; étant un peu refroidi, et les grains commençant à devenir chauds dans la grande poële, laquelle vous aurez eu soin de brandiller continuellement, vous remplirez l'entonnoir garni de son bâton, et préparé comme nous l'avons dit; vous le remplirez, dis-je, avec ce syrop, ayant soin de tenir l'entonnoir sur la poële au syrop, afin que rien ne se répande. A présent, vous observez le syrop qui sort du tuyau : s'il sort en fort filet, vous pousserez le petit bâton plus avant dans le tuyau, si le syrop n'en sort qu'à petites gouttes et lentement, vous rehausserez le petit bâton un peu, jusqu'à ce que votre syrop sorte en gouttes précipitées, le long de la pointe du petit bâton; l'ayant ajusté de la sorte, vous accrocherez l'entonnoir par un petit crochet sur la corde diagonale, au point g, précisément sous la poulie, au milieu de la grande poële, de manière que le syrop tombe en gouttes précipitées sur vos grains. Pendant ce temps, brandillez, ou plutôt agitez très-doucement la grande poële en avant et en arrière, à droite et à gauche, afin que le syrop tombe par-tout sur les grains, et que ceux-ci se culbutent doucement entr'eux. Gardez-vous bien de mouvoir trop fortement votre poële, parce que vos grains ne deviendroient; non-seulement jamais frisés, mais ils perdroient aussi la frisure qu'ils auroient dejà reçus. A mesure que l'entonnoir se vide, il faut le remplir de syrop chaud. Si-tôt que vous jugerez vos grains assez frisés, cessez de les travailler; versez-les dans plusieurs tamis, et mettez-les pendant quelques jours dans un lieu chaud. --- Il est de coutume qu'on donne diverses couleurs à ces grains, soit frisurés ou non, afin de leur donner un plus bel aspect. Pour cet effet, partagez votre quantité de grains sucrés en deux parties égales; l'une de ces parties reste blanche, (parce que s'il y avoit moins de blanc dans la totalité, la couleur receveroit une couleur trop triste, aulieu que la multitude des graines blanches, mêlées aux autres couleurs vivifient beaucoup le tout); cela présupposé, vous reservez à part la moitié de vos graines restées blanches; l'autre moitié, destinée à être colorisée, sera partagée en quatre parties égales, pour les teindre en rouge, bleu, jaune et verd, ayant soin de péser chacune de ces parties. Cela fait, mettez dans une petite poële à confiture une petite cuillerée à café de vermillon; remuez-le avec une ou deux cuillerées du même syrop dont vous vous êtes servi pour les frisures; étant bien mêlées ensemble, vous y verserez la partie de vos grains que vous destinez à être rouge; vous prendrez la poële à confiture par les deux anses, et vous vannerez doucement vos grains ensemble, afin qu'ils deviennent par-tout également rouges. S'ils ne vous semblent pas assez couverts en couleurs, vous en

Grains sucrés à diverses couleurs.

ajouterez encore un peu. Prenez garde de n'y pas verser trop d'humidité, de peur qu'ils ne se fondent ; ne les vannez pas trop fortement, ils pourroient par-là perdre leur frisure. Etant tous également couverts d'un beau rouge, *Bleues.* vous les verserez sur une feuille de papier dans un tamis, dans lequel vous les mettrez pendant quelques jours dans un lieu chaud pour les faire sécher. — Ensuite remuez un morceau d'indigo dans une tasse pleine d'eau, jusqu'à ce que l'eau ait contracté une belle couleur bleue foncée ; versez cette eau bleue dans la poële à confiture, que vous *Violettes.* aurez eu soin de laver très-proprement ; ajoutez-y la partie des graines destinée à être bleue, et vannez-l s comme les précédentes. — Il n'est pas besoin de rejetter l'eau avec laquelle vous avez lavé la poële après la teinture rouge, *Jaunes.* en y ajoutant un peu de bleu, vous aurez une belle couleur violette, avec laquelle vous pourriez teindre une cinquième partie de grains. — Pour teindre la troisième partie de vos grains en jaune, vous aurez eu soin de mettre un peu de s fran en infusion dans de l'eau ; 24 heures après, vous passerez cette infusion par un petit linge en l'exprimant fortement, puis donner cette couleur à vos grains avec la même précaution qu'il est décrit plus haut. — Vos grains étant colorisés et ôtés de la poële, vous mettrez dans celle-ci, sans la laver, assez de teinture bleue pour que vous *Vertes.* ayez une teinture verte plus ou moins foncée, selon votre goût ; versez sur cette teinture la dernière partie de vos grains, que vous vannerez doucement et avec précaution ; étant par-tout également couvertes de couleur, vous les ôterez de la poële pour les faire secher, comme les autres couleurs, dans des tamis. Après quelques jours, vos graines étant toutes sèches, vous les mêlerez avec la partie blanche. Si vous avez fait vos graines exactement selon cette règle, vous vous étonnerez de la beauté de votre marchandise, sur laquelle vous aurez aussi d'ailleurs des bénéfices considérables.

Amandes communes en couleurs. Les amandes blanches communes, peuvent être frisurées et colorées selon les mêmes règles que les graines de coriandre Observez qu'on ne donne jamais de frisure et couleur aux amandes fines, lesquelles doivent absolument conserver leur couleur naturelle, c'est-à-dire, blanche.

Canelle fine sucrée. Prenez un quarteron de canelle fine en bâtons, faites-le tremper pendant douze heures dans l'eau, afin de l'amollir ; ce temps expiré, vous couperez votre canelle en tranches

sur

sur une feuille de papier, ou sur des tamis, et faites-les sécher pendant plusieurs jours dans un lieu chaud; étant redevenus parfaitement sèches et dures, vous ferez cuire une partie de sucre fin avec de l'eau; jusqu'au degré du grand perlé; mettez ce syrop sur un petit brâsier à côté de la grande poële; (pl 3.) vous mettrez de-même à votre portée Planche III; une certaine quantité de poudre fine; ensuite versez votre canelle dans la grande poële, et sucrez-les selon le procédé indiqué aux amandes fines, jusqu'à ce que vos bâtons de canelle soient assez gros; observez de donner à ceux que vous voulez encore frisurer une couverture moins grosse qu'à ceux qui doivent rester unis. La canelle fine ne sera jamais colorisée, pour pouvoir la distinguer de la canelle commune, dont voici la recette; mais n'oubliez pas de re-gratter et de bien nétoyer le fond de la poële, de la croute qui après cinq ou six couches, s'y sera attachée, parce qu'elle est sujette à se brûler et à gâter toute votre marchandise. Concassez bien ce regrat et passez-le par un tamis; vous pouvez l'employer utilement pour la canelle commune sui-vante.

Prenez un quarteron de gomme à dragant, mettez-le en infusion dans autant d'eau, qu'il en soit bien couvert; le lendemain, jettez cette infusion dans un mortier, et remuez-le bien avec le pilon, plus long-temps que vous remuerez, plus blanche viendra cette pâte; après un bon quart d'heure, versez dessus le regrat tamisé de la poële, dont nous avons déjà parlé, une livre de sucre en poudre, et peu-à-peu deux à trois livres de farine; incorporez bien le tout dans votre pâte à dragant, au moyen du pilon, n'oubliez pas d'y ajouter aussi une cuillerée de canelle en poudre. Pour fa-ciliter l'entrée des trois livres de farine dans la pâte, vous n'avez qu'à humecter celle-ci de temps en temps avec quel-ques verres d'eau, au moyen de quoi vous pouvez faire entrer autant de farine qu'il vous plaira, ne surpassez ce-pendant pas la quantité de cinq livres, parce que votre pâte perdrait toute son élasticité. Otez la pâte du mortier, mettez-la sur ta table et pétrissez-la un peu avec les mains; ensuite vous l'étendrez avec un rouleau, en feuilles minces d'un dos de couteau; coupez ces feuilles en petites tranches, chacune de la longueur d'un pouce, et de la grosseur d'un brin de paille, ou enfin de la même longueur et grosseur que vous avez coupé les tranches de canelle naturelle dans la recette précédente; mettez ces tranches sur quelques feuilles de papier, ou sur des tamis pour les faire sécher dans un

Canelle
commune
sucrée.

G

Bâtons de canelle commune, sucrés. lieu chaud pendant quelques jours ; étant bien sèches et dûres, vous ferez cuire une certaine quantité de sucre commun en consistance de syrop au perlé, sans le clarifier ; mettez ce syrop sur un petit brâsier à côté de la grande poële suspendue et disposée comme nous l'avons dit en parlant des amandes ; versez vos tranches dans la poële, et sucrez-les de la même manière que celles-ci, excepté qu'au lieu de la poudre, vous les blanchirez avec de la farine commune, en donnant les deux dernières couches seulement avec de la poudre fine, pour rendre vos bâtons plus blancs. Observez que ceux à qui vous voulez donner encore le frisuré ne doivent être faits aussi épaisses que ceux qui resteront unis. Après avoir donné autant de couches à vos bâtons de canelle que vous jugerez à propos, vous les metterez sécher pendant quelques jours dans des tamis ; ensuite vous les frisurez et *Frisuréeten couleurs.* colorisez à la même manière et avec les mêmes précautions que j'ai indiquées pour les graines de coriandre.

Des semences ; usteusiles qu'il faut pour les sucrer. Pour pouvoir sucrer les semences , comme par exemple l'anis , le fenouil et le cumin , vous n'avez pas besoin d'un appareil aussi compliqué que pour les amandes, etc. Vous pouvez vous y prendre d'une manière beaucoup plus simple et facile. Il s'agit d'avoir un tonneau de la hauteur d'une table , dont vous enfoncerez les deux fonds. Mettez dans *Pl.II. fig. 9.* ce tonneau sur une éminence quelconque, par exemple , sur un tas de pierre , un réchaud d'une capacité un peu considérable , que vous remplirez d'un bon feu de charbon. C'est sur ce tonneau que vous mettrez une poële à confiture moins grande que celle que vous employerez pour les amandes , mais dont la capacité soit assez considérable pour pouvoir y travailler une quantité de semences à la fois, (voyez *Pl.II. fig. 9.* au surplus la figure.) Ces semences, de quelles espèces qu'elles soient , soit de l'anis , du fenouil ou du cumin , doivent être choisies , pour en séparer tous corps étrangers et ensuite lavées dans l'eau froide, et égouttées et séchées dans un tamis.

Semences sucrées. Faites cuire pour lors une quantité de sucre au lissé, et mettez-le sur un très-petit feu de charbon, à côté dudit tonneau, afin de le tenir toujours chaud, sans qu'il bouillonne ; d'un autre côté, à portée de vous, il faut tenir une quantité de poudre fine. Tout cela étant prêt, et le brâsier étant mis dans le tonneau, vous verserez dans la poële l'espèce de semence que vous voulez sucrer ; ensuite vous mettez la poële sur le tonneau : votre semence commençant à devenir bien chaude , vous l'arroserez avec une ou deux grandes cuillerées du syrop que vous aviez mis à côté de vous ; remuez bien votre semence avec la main , afin qu'il soit par-tout humecté de syrop : cela fait , vous le saupoudrerez avec une ou deux poignées de poudre, en le remuant toujours avec l'autre main , afin qu'il devienne également blanc par-tout. Cette couche redevenue sèche, vous l'aroserez encore une fois avec une ou deux cuillerées de syrop , ensuite avec deux poignées de poudre , et ainsi alternativement continuez avec les couches de syrop et de poudre, jusqu'à ce que vous jugerez d'en avoir donné assez , en observant de remuer sans cesse les semences avec la main et de finir l'alternative avec du syrop seulement; cette dernière couche étant remuée et séchée, vous ôterez vos semences de la poële pour les mettre dans des tamis, afin de les faire sécher parfaitement pendant quelques jours dans un lieu chaud; ensuite vous les mettrez dans des bocaux de verre.

Les graines de pavot sucrées, autrement appelées nompareille, se font de la même manière; pour les teindre en diverses couleurs suivez le procédé indiqué pour la colorisation des graines de coriandre.

Prenez une livre de belles amandes choisies, lavez-les dans l'eau froide , faites-les égoutter et sécher sur un tamis. Etant bien sèches, vous mettrez dans une poële à confiture une livre de sucre, faites-le cuire avec une chopine et demie d'eau, sans l'écumer, jusqu'au degré du soufflé, versez pour lors vos amandes dans la poële, et mêlez-les bien avec le sucre au moyen d'une spatule de bois, avec laquelle vous continuerez de remuer sur le feu, jusqu'à ce que le sucre se soit entièrement ébouilli , c'est-à-dire, qu'il n'y ait plus beaucoup de fluide dans la poële, et que le sucre adhérent aux amandes, commence à sécher, si-tôt que les amandes commencent à craquer, ôtez la poële du feu, et, en la tenant avec la main gauche dans une direction très-oblique sur la table, vous continuez de mêler le syrop et vos amandes très-doucement avec la spatule, pendant quelques minutes ; cependant diminuez votre feu de quelques charbons, remettez-y votre poële, mais dans une direction fort oblique, c'est-à-dire, que vous n'en presenterez pas le fond, mais le bord à l'action de la chaleur, de manière, qu'au moyen de cette inclination, le sucre adhérent au fond de la poële, s'y fondra et coulera vers le bord où se trouve la totalité de vos amandes et sucre; laissez la poële pendant quelques minutes dans cette situation, afin que le sucre commence à se brûler un peu ; prenez pour lors votre spatule dans la main, et, en laissant toujours la poële dans cette situation inclinée, vous repousserez le sucre du bord de la poële , où il cherche à s'attacher sur les amandes; en continuant sans cesse cette manœuvre , vous tournerez lentement et peu à peu la poële sur toute la circonférence. Après quelques tours, tout le sucre sera entièrement attaché et séché sur les amandes; ôtez pour lors la poële du feu, laissez réfroidir vos amandes et mettez-les après dans des bocaux de verre. — Voulez-vous les faire encore plus délicates, vous les semerez, si-tôt qu'elles commencent à craquer, avec une cuillerée de canelle en poudre. — Le sucre adhérent aux bords de la poële et à la spatule, peut être cueilli et employé utilement pour sucrer les confitures brunes.

À la canelle.

Prenez telle quantité qu'il vous plaira, de fleurs d'orange, ôtez-en avec des ciseaux tout le verd et jaune, pésez ensuite les fleurs blanches, et prenez pour chaque livre d'iceux, deux livres ou deux livres et demie de sucre royal, faites-le bouillir avec deux pintes d'eau, dans une poële à confiture, l'ayant écumé, et votre sucre étant cuit à la plume, vous y verserez vos fleurs d'oranges, remuez le mélange sans cesse, mais doucement avec la spatule sur le feu, jusqu'à ce que toute l'humidité sera entièrement disparue, et que le sucre se sera attaché par-tout également aux fleurs d'oranges; ôtez pour lors la poële du feu, et remuez le contenu quelques temps à froid, en cas que le sucre ne se seroit pas parfaitement séché sur les fleurs d'oranges, il faudra le remettre encore pendant quelques instans au feu, sur lequel vous le remuerez sans cesse, mais doucement, jusqu'à ce que vous aurez atteint ce but ; ensuite laissez réfroidir vos fleurs et conservez-les dans des bocaux de verre en un lieu sec. — Vous aurez soin de regratter le sucre qui, après l'opération, se trouvera attaché dans la poële et à la spatule, vous pouvez le mêler au sucre avec lequel vous voulez faire des amandes grillées.

Fleurs d'oranges grillées.

Pour faire des dragées superfines, vous prendrez un quarteron de gomme adragant, de la meilleure et de la plus pure que vous pourrez trouver, mettez-la dans une terrine de faïence, versez par-dessus une chopine d'eau froide, ensuite couvrez votre terrine et laissez tremper votre gomme pendant 24 heures ; mais pas plus long-temps , sur-tout en été, car alors la fermentation commencera et gâtera votre ouvrage. Le lendemain prenez un linge un peu fort et serré, de la longueur de deux pieds, sur la largeur de trois quarts de pied, mettez

Dragées superfines.

dans le milieu de ce linge une partie de votre gomme, pliez ensuite ce linge de sa largeur en trois, de manière que la gomme en soit enveloppée : à présent il faut deux personnes, lesquelles prendront chacune un bout de ce linge roulé avec les mains, et le torderont fortement chacune dans un sens contraire, c'est-à-dire; l'une à droite et l'autre vers la gauche, précisément comme on tord le linge lavé. Par suite de cette manœuvre, la gomme la plus pure pénétrera par les pores du linge au dehors; ayez soin de prendre avec un couteau cette gomme épurée a mesure qu'elle se montrera et de la mettre dans un vaisseau quelconque, si-tôt qu'il ne paroîtra plus de cette gomme, vous développerez le linge, en ôterez le contenu, qui n'est autre chose que des impuretés qu'il faut rejeter comme inutiles ; mettez dans ce linge une nouvelle partie de gomme, enveloppez et tordez-le comme la première fois, et continuez cette manœuvre jusqu'à ce que peu à peu toute votre gomme adraganth soit séparée de toutes impuretés. Mettez pour lors votre gomme dans un mortier de marbre, et après l'avoir bien remué avec le pilon pendant une bonne demi-heure, vous y ajouterez une livre de sucre royal pilé et tamisé, incorporez-le bien dans votre gomme, et mettez celle-ci, qui sera pour lors une pâte passablement compacte, sur une table. Partagez pour lors cette pâte en cinq morceaux égaux, que vous destinerez pour être teints en rouge, bleu, jaune et verd, le cinquième morceau restera blanc. Avant de les teindre vous pétrirez chaque morceau séparément dans une livre et demie de sucre royal réduit en poudre impalpable, et passe par un tamis de soie. Pour pouvoir faire entrer autant de sucre dans la pâte, il faudra la tremper de temps en temps dans de l'eau. Cela fait, l'on procédera à la teinture de chaque morceau; pour cet effet, délayez un peu de cochenille dans de l'eau, trempez-y l'un de vos morceaux de pâte à diverses reprises, parfumez-le avec de la meilleure eau de rose, et quelques gouttes d'essence de rose, incorporez-y bien la couleur et l'odeur en pétrissant le morceau dans du sucre; cela fait, mettez cette pâte rouge de côté, et prenez un second morceau de pâte, trempez-le dans de la teinture d'indigo, et parfumez-le avec de l'huile de violettes et pétrissez-le comme ci-dessus. Ensuite le troisième morceau qui sera trempé dans une infusion de safran à l'eau, passé et exprimé par un linge, vous le parfumerez avec quelques gouttes d'essence de cèdre. — Pour teindre le quatrième morceau en verd, vous mêlerez autant de teinture d'indigo avec de l'infusion de safran, jusqu'à ce que vous ayez une belle cou-

Dragées superfines, dites naturelles.

leur verte, plus ou moins foncée, selon votre goût, dans laquelle vous tremperez et pétrirez votre pâte conformément aux règles prescrites ; l'odeur lui sera donnée moyennant quelques gouttes d'essence de bergamotte. Le cinquième et dernier morceau restera blanc : vous le tremperez seulement dans de l'eau de fleurs d'orange et vous y ajouterez quelques gouttes d'essence de néroli. Vous pouvez teindre un sixième morceau de pâte en brun, avec un peu de chocolat fondu sur le feu, que vous pétrirez ensuite dans votre pâte ; ayez soin de parfumer avec de la vanille et du storaxcalamus en poudre. — Ayant apprêté votre pâte adraganth de cette manière, vous en formerez des petites bagatelles en tous genres ; par exemple, de la pâte blanche on fait de petits œufs, des petites boules, des radis, auxquels on donne à chacun une petite tête en pâte verte, pour imiter la verdure. De la pâte jaune l'on fait des pommes, poires, abricots, pois, orges, lentilles, des carrottes, etc.; de la bleue, on fait des prunes, etc. Tous ces petits objets ne doivent être chacun, que de la grandeur d'un pois, on les dresse en arrondissant cette petite pièce de pâte dans le creux de la main gauche et avec la pointe du doigt index de la main droite, l'ayant formé en boule, vous continuerez de lui donner une autre forme, soit en la laissant plus ou moins pointue, comme par exemple, des poires, des carrottes et des radis, ou en donnant à d'autres une forme ovale comme les œufs, prunes, etc., ou en les faisant longues et minces comme les grains d'orge, ou enfin, en les laissant rondes, tels sont les pommes, les petits pois verts et jaunes. Ayez grand soin de les former exactement selon la nature, et pour la forme et pour la couleur, la grandeur de chaque objet n'excédera jamais celle d'un pois. Il faut aussi avoir soin de se munir d'une demi-douzaine de capsules de papier, dans lesquelles on verse chaque objet par espèce. Pour raprocher encore mieux les petits fruits de la nature, on coupe des queues de cerises par moitié, et on perce dans chaque poire et pomme, pendant qu'elles sont encore humides, une de ces queues, de manière qu'en bas se trouvent les couronnes et en haut les queues ; les prunes recevront seulement une queue sans couronne. Cela fait, il s'agit de donner des joues rouges aux pommes, poires et abricots ; pour cet effet, prenez de la poudre de cinnabre, trempez-y un petit pinceau, soufflez sur un côté de chaque poire, pomme et abricot, pour l'humecter un peu avec votre haleine, ensuite vous passerez légèrement par-dessus cet endroit avec le petit pinceau trempé dans la poudre rouge, vos petits objets recevront par-là des

joues si belles qu'il est possible de voir dans la nature même. Dragées su-
Si vous avez de la pâte brune de chocolat, vous pouvez faire perfine, dit.
des grains de café brûlés en grandeur naturelle, ou des truffles naturelles.
ou des champignons, etc. Outre tous ces objets là, l'on peut
aussi, pour varier le tout, faire des petits saucissons, des limaçons, des chapeaux, enfin toutes sortes de bagatelles que
l'exercice et l'imagination vous apprendront mieux que moi.
La fabrication des dragées est plutôt un amusement dans des
heures de loisir, qu'un travail; j'observe seulement, que
si la pâte devient sèche et aride, il faudra l'humecter avec
de l'eau et la pétrir avec du sucre, afin qu'elle reçoive sa première élasticité. Vos dragées étant faites, vous les mettrez
dans des capsules de papier pendant quelques jours dans un
lieu chaud, afin de les faire sécher et durcir, après quoi vous
les exposerez en vente dans des bocaux de verre.

De la même pâte fine on fait *des pastillages*, c'est ainsi Dragées en
qu'on nomme les petites tablettes quarrées, en grandeur de pastillage.
bonbons. Mais il faut avoir soin d'avoir des moules ou formes
en bois de poirier, dans lesquels sont gravées des petites
tablettes contenant des figures ou autres ornemens. Coupez
votre pâte par petits morceaux, dont vous comprimerez chacun sur la forme de bois, retranchez avec un couteau ce qui
sort de la surface de la forme, humectez ensuite votre doigt
ou un petit morceau de pâte à la bouche, et en l'appuyant un
peu sur la tablette de pâte contenue dans la forme, vous par-
viendrez à la faire sortir de la forme; comprimez de cette même
façon autant de tablettes que vous voudrez, et faites les sécher
de la même sorte dans des capsules comme les précédentes.

La pâte de dragée demi-fine et commune, se fait absolu- Dragées
ment de la même façon que celle de dragée fine; la différence communes.
consiste dans les doses. En prenant sur un quarteron de
gomme adraganth, moitié de sucre, moitié de poudre, ou
un tiers de sucre et deux tiers de poudre, l'on donne aux
dragées tel degré inférieur de finesse qu'on veut. Après que
la pâte a été pétrie, teinte et parfumée comme ci-dessus, on
l'étend, au moyen d'une roulette, jusqu'à la minceur d'un
dos de couteau, ensuite vous y appuyerez, çà et là, un coupe-
pâte pour la dragée, (voyez la figure) qui en percera des Planche II.
petites figures; votre coupe-pâte étant rempli aux deux tiers figure 10.
environ, vous le secouerez un peu avec la main, et vous
le renverserez pour faire tomber vos dragées dans des capsules de papier. Continuez de rouler et de percer jusqu'à ce
que toute votre pâte sera formée en dragées. Mettez pour lors

celle-ci dans un lieu chaud pendant quelques jours pour les faire sécher et durcir. Vous pouvez aussi sucrer ces dernières sortes de dragées selon le procédé indiqué dans la recette des amandes blanches.

Des con-serves. Clarifiez une telle quantité de sucre qu'il vous plaira, et faites-le cuire au degré du caramel; pendant ce temps préparez-vous plusieurs capsules en papier double; votre sucre étant au caramel, vous en remplirez chaque capsule de la hauteur d'un demi-doigt de travers, ensuite tracez pendant que ce sucre est encore chaud avec la pointe d'un couteau, des tablettes de grandeur convenable. Votre conserve étant réfroidi, vous la briserez dans les traces et les vendez comme de coutume. Dans quelques endroits il y a de la conserve de diverses couleurs et odeurs : dans ce cas, vous verserez un peu de la teinture de telle couleur que vous voudrez dans votre syrop, lorsqu'il ne sera encore qu'au fort soufflé, ajoutez-y en même-temps quelques gouttes d'une essence odorante analogue à la couleur; ensuite, achevez de le cuire et versez-le en capsules, comme je viens de le dire. Au lieu de les verser dans des grandes capsules et de les couper en petites tablettes, l'on peut faire des petites capsulss de papier fin, y verser le sucre et le vendre dans ces capsules.

Marseilles ou gingem-bre. Prenez une livre et demie de sucre royal, faites-le cuire au fort soufflé, ajoutez-y pour lors une once de gingembre en poudre, ôtez ensuite la poële du feu et prenez le bâton *à tabeller*, dont j'ai parlé à l'occasion des pastilles, remuez votre sucre hors du feu en appuyant le bâton un peu aux bords de la poële, après quelques instans, ôtez avec une cuillère le sucre épais qui se sera attaché aux bords de la poële, mêlez-le dans le sucre fluide, avec le milieu, ensuite commencez de nouveau à tabeller, ou froisser le sucre vers les bords de la poële; regrattez, mêlez comme la première fois, répétez cette alternative quatre fois, pour lors votre sucre sera d'une consistance passablement épaisse; versez-le pour lors dans des capsules de papier de la hauteur d'un demi-doigt de travers; prenez ensuite une fourchette, avec laquelle, pendant que le contenu est encore chaud, vous tracerez des lozanges sur la surface de la marseille; ensuite faites avec la pointe d'un couteau des lignes diagonales un peu profondes et éloignées autant l'une de l'autre que vous voulez que vos tablettes soient plus ou moins grandes. Après les avoir fait réfroidir entièrement, vous les détacherez du papier, et en les vendant, vous séparerez les tablettes l'une

D
G
C
B
A
E

Pl. III
D
E
G
B
C
F

l'une de l'autre dans les lignes tracées par le couteau. Elles se conservent très-long-temps dans un lieu chaud, ou simplement sec.

Pour la dose d'une livre et demie de sucre, que vous ferez cuire au cassé, vous prendrez un quarteron d'écorces d'orange confites au sucre, autant de citronnat, ou si vous l'aimiez mieux, vous prendrez deux onces de pistaches, que vous pélerez à l'eau bouillante ; hâchez l'écorce et le citronnat, ou les pistaches, grossièrement ; de plus, demie-once de girofle et demie-once de canelle, concassées ensemble grossièrement ; versez toutes ces drogues dans votre sucre qui ne sera cuit alors qu'au filet, incorporez-le bien doucement avec l'écumoire, et continuez de cuire votre syrop à la forte plume, ensuite froissez-le avec le bâton *à tabeller*, versez-le dans des capsules, et marquez avec un couteau des tablettes comme je l'ai dit ci-dessus.

Marseilles d'épices pour l'estomac.

DES FRUITS A L'EAU-DE-VIE.

Il est peu de fruits que l'on ne puisse conserver dans l'eau-de-vie, cependant, comme je ne crois pas qu'il soit facile de les employer tous avec un égal succès, nous ne parlerons que des fruits à qui l'expérience à fait donner la préférence pour cette opération, tels sont la pêche, l'abricot, la mirabelle, la reine-claude et le rousselet de Rheims ; je ne parlerai donc que de ceux-là ; et si l'on est curieux de faire des essais sur d'autres fruits, les recettes suivantes pourront servir de modèle à ceux qui voudront les entreprendre.

Des fruits à l'eau-de-vie.

Choisissez trente pêches, belles, bien colorées ; faites attention qu'il ne faut pas qu'elles soient tout-à-fait mûres, mais seulement bien près du point de maturité : ce fruit est toujours chargé de duvet, il faudra l'ôter en vous servant d'une brosse molle, ou en l'essuyant avec un linge blanc, vous l'inciserez ensuite dans toute sa longueur et jusqu'au noyau, afin que le syrop puisse pénétrer jusques dans l'intérieur. Toutes vos pêches étant préparées de la sorte, faites fondre trois livres de sucre dans une suffisante quantité d'eau pour le clarifier, comme nous l'avons enseigné ci-dessus. (1) Votre sucre étant clarifié, et le syrop

Pêches à l'eau-de-vie.

---

(1) Comme il faut que le fruit baigne à l'aise dans le syrop, il faudra mettre plus d'eau avec le sucre qu'il n'est porté dans l'instruction que nous avons donnée au sujet de la clarification du sucre.

H

étant toujours au feu, et bouillant, vous y jetterez votre fruit, ayant attention de le remuer en tout sens avec l'écumoire, afin que la chaleur agisse par tous les côtés. Dès que vous appercevrez que le fruit s'amolit, retirez-le de dessus le feu, et arrangez vos pêches sur un tamis pour les faire égoutter. Pendant qu'elles égoutteront, vous remettrez votre syrop sur le feu, et s'il vous paraît qu'il soit devenu trouble, vous le clarifierez de nouveau avec du blanc d'œuf; faites-lui faire trois ou quatre bouillons, et versez le tout bouillant sur vos pêches, que vous aurez eu soin de transporter du tamis dans une grande terrine vernissée. Laissez de la sorte tremper votre fruit dans le syrop pendant 24 heures; après quoi retirez encore vos pêches du syrop que vous remettrez sur le feu, vous lui ferez faire huit à dix bouillons, et vous le reverserez de nouveau sur vos pêches. Le troisième jour mettez le fruit et le syrop tout ensemble sur le feu, et donnez quatre à cinq bouillons couverts. Retirez la poële du feu, laissez réfroidir le tout à demi, ensuite prenez vos pêches une à une, et rangez-les proprement dans un bocal. Ensuite examinez combien votre bocal peut contenir de liquide; si vous jugez qu'il soit assez grand pour contenir quatre pintes, par exemple, vous employerez deux pintes d'eau-de-vie et deux pintes de syrop pour le remplir; s'il ne contient que trois pintes, vous ne mettrez qu'une pinte et demie de syrop pour une pinte et demie d'eau-de-vie. Il n'est guère possible d'assigner ici des doses précises, un peu de pratique suppléera à ce que nous ne pouvons pas enseigner avec une exactitude un peu scrupuleuse. Votre fruit étant recouvert de liquide, il surnagera d'abord, il restera ainsi à la surface pendant un mois ou deux; mais à mesure qu'il sera pénétré par la liqueur, il tombera au fond.

Abricots à l'eau-de-vie. Prenez la quantité d'abricots qu'il vous plaira, essuyez-les proprement avec un linge pour leur ôter le duvet, jetez-les dans l'eau bouillante; d'abord ils se précipiteront au fond, peu après ils remonteront sur l'eau; alors tirez-les de la poële, et arrangez-les à mesure sur un linge blanc, ou bien, pour mieux faire, jetez-les dans l'eau fraîche. Tous vos abricots étant blanchis de la sorte, vous les jetterez dans un syrop que vous aurez fait clarifier auparavant. Le reste du procédé est le même que celui que nous venons d'indiquer pour la pêche.

Pêches ou Prenez de belles pêches ou abricots qui soient bien mûrs, essuyez-les légèrement avec un linge pour ôter leur duvet; pesez ensuite votre fruit, et pour chaque livre de fruit vous prendrez un quarteron de sucre seulement. Clarifiez votre sucre, faites-le cuire jusqu'au grand perlé; lorsqu'il sera à ce point, mettez-y votre fruit, et faites-lui prendre trois ou quatre bouillons. Pendant ce temps-là ayez grand soin de retourner votre fruit en tout sens, afin qu'il prenne le sucre par-tout, après quoi retirez la poële du feu, et arrangez vos pêches ou abricots un à un dans un bocal. Le syrop étant plus de moitié réfroidi, vous y verserez l'eau-de-vie à raison de trois demi-septiers pour livre de fruit. Comme votre syrop pourroit être un peu épais, il ne faudra pas verser votre eau-de-vie tout d'un coup, le mélange ne pourroit se faire qu'avec beaucoup de difficulté; il faudra donc verser votre eau-de-vie à plusieurs reprises, et toujours remuer pour faciliter le mélange : le mélange étant fait, vous le verserez dans le bocal où vous aurez arrangé votre fruit; il surnagera d'abord, mais à mesure que le syrop et l'eau-de-vie le pénétreront, il se précipitera au fond du bocal, et c'est alors seulement qu'il sera bon à manger.

Abricots à l'eau-de-vie, d'une autre manière.

Choisissez des poires de rousselet qui ne soient pas tout à fait mûres : comme il y a deux espèces de rousselet, la grosse et la petite, il ne faut pas prendre l'une pour l'autre; la petite, comme la plus odorante, c'est la seule qui convienne à notre opération, on la nomme aussi rousselet de Rheims; piquez-les avec une épingle en tout sens et de tous côtés, et jetez-les dans l'eau bouillante pour les faire blanchir; à mesure qu'elles s'amolliront, vous les retirerez, et vous les jeterez dans l'eau fraîche; aussi-tôt qu'elles seront réfroidies, vous les pelerez et les jeterez encore dans l'eau fraîche, mais dans un vase différent de celui qui aura servi à les rafraîchir en sortant de dessus le feu; vous aurez soin d'exprimer le jus de deux citrons dans l'eau qui doit les recevoir après avoir été pelées; c'est le vrai moyen de les entretenir dans une blancheur parfaite.

Poires de rousselet à l'eau-de-vie.

Faites ensuite clarifier du sucre dans une quantité proportionnelle à votre fruit, et avec assez d'eau, pour que le fruit y baigne à l'aise; votre sucre étant bien clarifié et encore bouillant, vous y metterez votre fruit, et lui laisserez prendre sept ou huit bouillons couverts, après quoi vous retirerez la poële du feu, et vous verserez le tout dans une terrine pour donner le temps au fruit de prendre sucre; 24 heures après, vous remettrez le syrop sur le feu, dans la poële, et vous lui ferez prendre dix ou douze bouillons, après quoi vous le verserez tout bouillant sur vos poires, qui seront restées dans la terrine, pour les laisser encore 24 heures; le troisième jour vous réitérez la même opération, mais après le sixième ou huitième bouillon, vous coulerez tout doucement votre fruit dans le syrop, et vous lui laisserez prendre six bouillons; pour lors vous retirez votre poële du feu, ôtez l'écume, s'il y en a, laissez réfroidir le tout à demi, arrangez vos poires dans le bocal, et mêlez votre syrop avec une égale quantité d'eau-de-vie. Ce mélange étant fait, vous le verserez par-dessus vos poires arrangées dans le bocal; deux mois après vous pourrez en faire usage.

Nous n'avons point exprimé ici la quantité de sucre qu'il convient d'employer, parce qu'il faut se régler sur la quantité de fruit que l'on a à confire; nous établissons seulement pour règle générale, qu'il faut que le fruit baigne à l'aise dans un syrop qui soit d'abord au lissé, et ensuite au perlé; je dis au lissé pour la première cuisson, et au perlé pour la dernière.

Mirabelles à l'eau-de-vie.

Choisissez des mirabelles bien mûres, piquez-les par-tout avec une épingle, jetez-les dans l'eau bouillante; si-tôt que vous les verrez monter sur l'eau, retirez-les du feu, et jetez-les tout de suite dans l'eau fraîche; lorsqu'elles seront bien réfroidies, vous les retirerez de l'eau et vous les mettrez égoutter sur un tamis. Pendant qu'elles égoutteront, faites clarifier du sucre dans une proportion relative à la quantité du fruit que vous employez; votre sucre étant clarifié et bouillant encore, coulez-y votre fruit, et faites-lui prendre quatre bouillons couverts; après quoi, retirez la poële du feu, enlevez l'écume, et versez votre fruit et le syrop dans une terrine, laissez reposer le tout jusqu'au lendemain, versez le syrop sans le fruit dans la poële à confiture, faites-lui prendre sept ou huit bouillons, et jetez-le par-dessus le fruit dans la terrine. Le troisième jour mettez dans la poële à confiture le syrop et le fruit tout ensemble, faites-leur prendre une dixaine de bouillons couverts, retirez la poële du feu, enlevez l'écume, s'il est nécessaire, laissez un peu réfroidir le tout, après quoi, rangez proprement votre fruit dans le bocal, mêlez dans votre syrop une pareille quantité d'eau-de-vie, que vous verserez par-dessus le fruit dans le bocal; il surnagera pendant quelque temps; lorsqu'il se précipitera au fond, il sera temps de le manger.

Nota. Il faut bien ménager la mirabelle lorsqu'on la

blanchit , parce qu'elle est sujette à se lâcher. On peut selon cette recette , confire pareillement la reine-claude.

Choisissez la quantité qu'il vous plaira de mirabelles ou de reine-claudes, les unes et les autres parfaitement mûres, essuyez-les légèrement avec un linge, pesez - les, et pour chaque livre de fruit , prenez un quarteron de sucre; ayant déterminé la quantité de sucre relativement à la quantité de votre fruit, faites-le clarifier, et ensuite cuire au grand perlé; alors mettez votre fruit dans le syrop, faites-lui prendre deux ou trois bouillons tout au plus, en le remuant doucement avec l'écumoire ; retirez alors votre fruit de la poële le plus proprement qu'il vous sera possible, et arrangez-le dans le bocal; votre syrop étant à demi réfroidi, ajoutez-y de l'eau-de-vie, à raison de trois demi-septiers par livre de fruit, remuez bien le mélange, et versez-le par-dessus votre fruit, dans le bocal que vous boucherez bien avec du liége et un parchemin mouillé par-dessus. Ce fruit préparé selon cette recette se conserve deux ans. *(Autre manière de confire la mirabelle et la reine-claude.)*

Choisissez tout ce qu'il y a de plus beau et de plus mûr en cerise, coupez la moitié de chaque queue, et mettez-les dans de l'eau bien fraîche, après une demi-heure retirez les et faites-les égoutter sur un tamis; au reste suivez le procédé que j'ai indiqué ci-dessus pour les mirabelles et la reine-claude. Lorsque le bocal est rempli, prenez sur chaque bocal de cerises vingt ou trente clous de girofle et une demi-once de canelle en bâton , mettez ces drogues dans un petit linge , repliez bien votre linge et fermez-le avec un fil, mettez ce linge dans le bocal avec les cerises. Après un ou deux mois d'infusion, goûtez votre fruit, et s'il a pris suffisament d'odeur , vous retirerez le linge où sont enfermés les aromates. *(Cerises à l'eau-de-vie.)*

DES FRUITS CONFITS AU SUCRE.

Choisissez les meilleures cerises et qui soient bien mûres, ôtez-en les queues et les noyaux; pesez alors votre fruit et prenez pour chaque livre de fruit, une demi-livre de sucre; clarifiez-le et faites-le cuire au grand perlé; étant à ce point mettez-y votre fruit et remuez-le avec l'écumoire en tout sens afin qu'il prenne le sucre par-tout, et écumez-le; laissez cuire cela pendant une heure environ. Après faites *(Cerises confites au sucre.)*

l'épreuve suivante : mettez une petite cuillerée de votre syrop sur une assiette froide, et laissez réfroidir ce sucre ; lorsqu'étant réfroidi il ne coule plus et est épais et roide en consistance de gelée, alors le fruit sera au point convenable. Retirez alors la poële du feu. Il ne faut pas laisser réfroidir le fruit dans la poële, il pourroit prendre un goût de cuivre, qui est non-seulement désagréable mais aussi nuisible à la santé. Pour éviter ce désagrément, il faut le mettre tout chaud dans les bocaux de verre ou de faïence, que l'on aura grand soin de chauffer dessus le feu, mettez alors une cuillerée du fruit de la poële dans le verre, tournez le verre en tout sens, pour que le sucre chaud coule par-tout au fond et aux côtés du verre. Après vous pouvez hardiment remplir le verre avec le fruit et le sucre, si chaud qu'il puisse être, sans que le verre se fende. Laissez réfroidir le fruit dans les bocaux découverts, et lorsqu'il sera froid, vous bouchez bien les verres avec du papier doublé ou avec du parchemin mouillé.

Framboises ou groseilles confites au sucre. Otez des framboises ou des groseilles toute la verdure, pesez votre fruit, prenez pour chaque livre de fruit une demi-livre de sucre, et suivez le même procédé décrit ci-dessus pour les cerises.

Abricots ou pêches confits au sucre. Choisissez les plus beaux mais pas trop mûrs de ces fruits, pelez-les, ôtez - en les noyaux, et mettez-les dans un vase de faïence : vos fruits étant préparés de la sorte, clarifiez une quantité de sucre proportionnée à la quantité de fruit que vous voulez confire, et assez grande pour que le fruit se baigne à l'aise dans le syrop ; clarifiez, dis-je, ce sucre et faites-le cuire au lissé : ce syrop étant un peu réfroidi, vous le verserez sur les abricots ou pêches, dans la terrine, et vous laisserez votre fruit tremper dans le syrop, pendant 24 heures : après quoi retirez encore vos abricots ou pêches du syrop, que vous mettrez sur le feu ; vous lui ferez faire douze à quinze bouillons, et vous le renverserez de nouveau sur vos pêches ou abricots : répétez cette cuisson toutes les 24 heures pendant six jours : observez que le syrop étant avec le fruit, en tirera toute l'humidité, et donnera en retour au fruit le sucre ; il devient en conséquence plus faible : pour le refortifier, il faut a chaque cuisson y ajouter un morceau de sucre, et peu à peu le cuire plus long-temps et plus épais. A la dernière cuisson, c'est-à-dire le sixième jour, il doit être au grand perlé : étant parvenu à ce point, vous y verserez votre fruit et le laisserez cuire dans le sucre pendant quelques minutes tout au plus, et il faut se garder de ne pas remuer le fruit avec l'écumoire, parce que ces fruits étant très-délicats, ils sont sujets à se tacher. Après trois à quatre bouillons, ôtez la poële de dessus le feu, et mettez votre fruit dans des bocaux de verre ou de faïence.

En trempant pendant les six jours les fruits dans le syrop, il faut les couvrir d'un morceau de papier coupé en rond, de la grandeur de la terrine, de manière que ledit papier repose immédiatement sur la surface du syrop et des fruits, afin, 1°. d'empêcher les fruits de s'élever trop au-dehors du syrop, et 2°., pour tenir humides ceux qu'il ne peut pas empêcher de s'élever un peu de la surface du liquide.

Les mirabelles exigent en tout le même procédé.

Prenez des coings bien mûrs, pelez-les et coupez-les en morceaux oblongs, puis versez-les dans de l'eau bouillante ; et s'ils commencent à s'amollir, vous les retirerez de la poële et les verserez dans de l'eau fraîche ; étant blanchis et réfroidis, vous les laisserez égoutter sur un tamis. Le reste du procédé est le même que pour les abricots et pêches ci-dessus. *(Des coings confits au sucre.)*

L'on prend des citrons ou des oranges, dont on a exprimé tout le suc ; on en ôte le blanc, et on jète les écorces jaunes dans l'eau bouillante ; quand elles commencent à s'amollir, on les retire de la poële pour les jeter dans l'eau fraîche, ensuite sur un tamis pour les faire égoutter, puis on les confit de la même manière que les abricots. *(Ecorces de citrons ou d'oranges confits.)*

Prenez dans le courant du mois de messidor, une telle quantité de noix qui vous plaira. Ces noix doivent être parvenues à leur entière grandeur, cependant il faut se garder qu'elles ne soient pas trop mûres au point d'être boiseuses dans l'intérieur ; pour connoître cela, prenez une fourchette ou un petit bois pointu, si vous pouvez pénétrer avec la fourchette aisément dans l'intérieur de ces noix, sans que la fourchette ait trouvé le moindre obstacle sur son passage, vous jugerez que ces noix sont bonnes pour votre usage. Piquez chaque noix avec une grande épingle, par-tout et en tout sens, et versez-les de suite dans l'eau fraîche, dans laquelle vous les laisserez pendant deux heures. Ensuite retirez les noix de cette eau, rejetez la première eau, pour remplir la terrine d'eau fraîche, mettez-y vos noix et laissez-les tremper dans l'eau pendant 4 jours, en renouvelant l'eau toutes les 24 heures, afin de priver le fruit de toute amertume. Ce temps expiré mettez vos noix dans de l'eau nouvelle, dans une poële sur le *(Noix vertes confites au sucre.)*

Noix vertes confites au sucre.

feu, lorsque le fruit s'amollit, vous l'enleverez avec l'écumoire et le verserez dans l'eau fraîche pour le laisser encore 4 ou 5 jours dedans, en renouvellant chaque jour l'eau. Ce temps expiré, vous arrangerez vos noix dans une grande terrine vernissée.

Pour confire les noix vertes, on se sert ordinairement du sucre le plus commun, même du rebut et de l'écume que vous avez ramassé, épargné et conservé en clarifiant du sucre (Voyez la note de la ᵐᵉ pag.) Faites cuire ce sucre avec de l'eau dans l'écume, et passez ensuite ce syrop par un linge non serré, ou encore mieux par la chausse, pour le séparer de toute ordure ou impureté, lavez bien là poële dans laquelle vous avez cuit le sucre, versez-y le syrop filtré, remettez-le sur le feu et faites-le cuire au petit filet ou au lissé ; étant à ce point laissez-le réfroidir à moitié et versez-le sur votre fruit dans la terrine. Gardez-vous bien de ne pas verser le syrop chaud, mais demi froid, sur les noix, car sans cette précaution le fruit deviendroit feuillu, c'est-à-dire que la peau se détacherait des noix. Après 24 heures, remettez votre syrop sans le fruit, au feu, et laissez-le cuire un peu plus fort qu'auparavant, versez-le demi réfroidi sur le fruit, pour laisser tremper le fruit pendant huit à neuf jours dans le syrop. Répétez la cuisson du sucre toutes les 24 heures, en observant que le syrop doit être cuit chaque jour, et plus épais ; à la huitième et dernière cuisson il doit être au perlé ; pour faciliter cela, et pour le fortifier il faut ajouter à chaque cuisson un peu de sucre-cassonnade. La quantité de syrop doit être assez grande pour que le fruit s'y baigne à l'aise. Le huitième jour mettez infuser une quantité proportionnée à celle du fruit, de clous de girofle et de la canelle en bâton, dans un verre d'eau, jusqu'au lendemain. Le neuvième jour coupez les clous de girofle de la longueur, en quatre parties, coupez également la canelle en petits morceaux longs et minces comme ceux du girofle ; enlevez les noix de leur syrop, et mettez dans chaque noix, en des endroits différens, quatre morceaux de girofle et autant de morceaux de canelle ; pendant ce temps mettez le syrop au feu, et faites le cuire au grand lissé, versez-le demi froid sur votre fruit ainsi préparé dans la terrine, laissez tremper cela encore 24 heures. Le lendemain remettez votre syrop pour la dernière fois sur le feu, et lorsqu'il commence à bouillir, versez-y votre fruit, donnez encore une douzaine de bouillons et enlevez après la poële du feu. Ensuite chauffez les bocaux de verre dans lesquelles vous voulez conserver votre fruit, sur le feu, mettez-y doucement et peu à peu vos noix avec l'écumoire, dans les verres, et lorsqu'ils en

sont

sont remplis versez-y le syrop dessus pour remplir les verres entièrement et de manière que les noix en soient couvertes. Les fruits étant parfaitement réfroidis dans les verres, on les bouche avec du liège et du papier ou parchemin mouillé.

Nota. Ces noix sont déjà mangeables sur-le-champ. Si vous suivez strictement le procédé indiqué dans cette recette ; vos fruits se conserveront au-delà de dix années, et ce temps ne fait qu'augmenter leur agréable saveur. Mais il est bon d'observer qu'avec le temps les noix suceront le syrop ; à mesure que le syrop se diminue, il faut prendre de la cassonnade et la cuire avec de l'eau en consistance de syrop, et restituer ce que le fruit a pu diminuer.

(marge : Noix vertes confites au sucre.)

DES FRUITS CONFITS AU SUCRE, SECS.

Tous les fruits confits, ci-dessus, peuvent être séchés à deux façons, c'est-à-dire, communs et fins ou au caramel.

(marge : Des fruits confits et secs.)

Les communs. **Prenez** des fruits confits au sucre, retirez-les de leur syrop et mettez-les sur un tamis pour les égoutter, étant bien égouttés vous les arrangerez sur un papier blanc et dans un lieu sec, retournez-les tous les jours jusqu'à ce qu'ils soient parfaitement secs ; après on les arrange dans des boîtes rondes ou quarrées, pour les exposer en vente.

(marge : Communs.)

Prenez des petits rameaux d'osier ou de bouleau, coupés de la longueur d'un doigt, et mettez sur la pointe de chaque petit rameau un des fruits confits et séchés comme ci-dessus ; ensuite prenez un morceau de beurre fondu, gros comme une noisette, et qui n'ait ni humidité ni sel, (sans cette précaution sur laquelle il faut se tenir scrupuleusement, le sucre s'attacheroit au marbre), frottez-en une platine ou table de marbre, avec la main plate, afin que le marbre soit par-tout également frotté avec le beurre. Tout étant ainsi préparé, clarifiez une quantité de sucre à proportion de la quantité de votre fruit, et faites-le cuire jusqu'au degré que l'on nomme au caramel. Pour le travail qui suit il faut qu'il y ait plusieurs personnes pour accélérer l'ouvrage, afin que le sucre ne se réfroidisse pas, ou si on vouloit laisser la poêle au feu, que le sucre ne se brûle pas. Toutes les personnes qui se proposent de carmeler les fruits, prendront dans chaque main un petit rameau avec le fruit, le tremperont dans la poêle au sucre, retourneront plusieurs fois le rameau ou le fruit afin que le sucre s'attache bien également au fruit, et jusqu'à

(marge : Des fruits fins séchés ou au caramel.)

Des fruits secs. ce que le sucre attaché au fruit commence à se réfroidir, et mettront les fruits sur la platine ou table de marbre pour prendre un autre rameau ou fruit et le tremper comme le premier dans le sucre; continuez de la sorte jusqu'à ce que tous vos fruits soient carmelés ou couverts de sucre. Si le travail est fini, et les fruits entièrement refroidis, ôtez-en les rameaux et enveloppez chaque fruit dans du papier, avec une devise, comme d'usage.

Ecorces de citrons ou d'oranges au caramel. Il faut prendre des écorces de citrons ou d'oranges confits, bien séchées, et les couper en petits morceaux quarrés de la grandeur d'un bonbon, mettez ensuite chacune de ces tablettes sur la pointe d'un petit rameau, et camelez-les ensuite comme ci-dessus.

Marrons caramel. Fendez et torrifiez la quantité de marrons qui vous plaira, dans une poële de fer; lorsqu'ils sont assez torrifiés et mangeables, retirez-les du feu et dépouillez-les de leur écorce; ensuite mettez chaque marron sur un petit rameau, et trempez-le dans le sucre comme il est dit ci-dessus. Ces marrons au caramel sont délicieux, mais ils ne se conservent pas long-temps, et doivent être consommés dans les 24 heures.

DES GELÉES.

Gelée de groseilles. OTEZ tout ce qu'il y a de verd dans vos groseilles, qui doivent être bien mûres et rouges, (les blanches n'étant pas si bonnes pour faire de la gelée.) Ecrasez-les et exprimez-en le suc dans une grande terrine vernissée; mettez cette terrine avec le suc bien couvert, dans une cave ou autre lieu froid, pendant six jours; après cet espace de temps, enlevez doucement et avec précaution, la peau épaisse qui se trouvera alors sur le suc, et versez le suc par inclination dans un autre vase, ce qui est resté au fond du premier vase doit être jetté comme inutile, et le suc se trouvera parfaitement clair. Pesez ensuite votre suc, et prenez pour chaque livre de suc une demi-livre de sucre concassé, mettez-les ensemble dans une poële au feu : il montra d'abord beaucoup d'écume, qu'il faut avoir grand soin d'enlever souvent. Laissez cuire le tout pendant une heure environ, et faites alors l'épreuve suivante : Mettez quelques gouttes de suc sur une assiette bien froide, si ce suc étant réfroidi sur l'assiette, est devenu épais et en consistance de gelée, vous retirez la poële du feu, sinon vous la laisserez encore jusqu'à ce qu'il soit cuit au point desiré. Il faut mettre la gelée toute chaude dans de petits pots de faïence, et les faire réfroidir avant de les couvrir avec du papier.

Prenez deux tiers de framboises et un tiers de groseilles rouges, ôtez-en tout le verd, et exprimez-en le suc que vous laisserez comme le précédent se clariﬁer, couvert dans une cave, mais pendant trois jours seulement. Le reste du procédé est le même comme ci-dessus.

Gelée de framboises.

Cette délicieuse gelée, qui, en Allemagne, est ordonnée généralement par les médecins aux malades, est le meilleur cordial et le plus excellent soulagement que l'on leur puisse donner, à cause de son goût agréable et exquis autant que de ses vertus. Pour la bien faire, suivez le procédé suivant:

Gelée de corne de cerf.

Prenez une livre de véritable corne de cerf rapée, versez-la dans une poële avec trois pintes d'eau, mettez-la sur le feu, pour la faire cuire jusqu'à ce qu'elle soit réduite à moitié, c'est-à-dire à une pinte et demie. Alors versez-la par un tamis dans une terrine. Nettoyez bien la poële et versez y un blanc d'œuf avec un peu d'eau, fouettez le blanc d'œuf avec un petit balai, étant bien en mousse vous y ajouterez la décoction de corne de cerf avec une livre de sucre concassé, mêlez-le avec le blanc d'œuf, remettez la poële au feu, et enlevez bien l'écume qui montera; ensuite ajoutez-y le suc de six bons citrons passé par un tamis, et trois quarts d'une pinte ou une chopine et demie du meilleur vin blanc; faites prendre encore quelques bouillons, et passez ensuite le tout, deux à trois fois, par la chausse dans laquelle vous avez versé auparavant quelques morceaux de canelle fine. Après la seconde ou troisième ﬁltration, votre gelée sera parfaitement claire, et vous pouvez la remplir dans de tels vases de verre ou de faïence que vous jugerez convenables.

Nota. Il faut faire la ﬁltration dans un lieu chaud ou auprès d'un feu ou d'un poële, car le liquide gelerait si-tôt qu'il deviendrait froid et par conséquent ne passerait pas par la chausse.

Prenez la quantité qui vous plaira de pommes de reinette, écrasez-les et exprimez-en le suc par tel moyen que vous voulez, passez ce suc par la chausse jusqu'à ce qu'il soit clair-fin; pesez ensuite le suc, et prenez pour chaque livre de suc, une demi-livre de sucre concassé, mettez-les tous deux ensemble dans une poële à conﬁture, au feu, et faites-le cuire. Nota. Pour donner à ce suc une saveur plus agréable,

Gelée de pommes de Rouen.

Gelée de pommes de Rouen.

mettez dans la poële quelques bâtons de canelle ou quelques écorces de citrons, ou enfin toutes deux selon votre goût; mais il faut retirer ces aromates du suc dès qu'il commence à devenir épais. Pour savoir s'il a suffisament cuit, faites l'épreuve sur une assiette comme nous l'avons indiqué pour la gelée de groseilles. Voulez-vous donner à votre gelée une belle couleur jaune, mettez un peu de safran dans un verre d'eau en infusion pendant 24 heures, passez la teinture par un petit morceau de linge, et versez de ce suc dans la poële, mais avant qu'il commence à devenir épais, et autant qu'il faut pour teindre cette gelée en un beau jaune.

DES SYROPS.

Syrop de groseilles framboisé.

PRENEZ deux livres de groseilles un peu avant qu'elles ne soient tout à fait mûres, une livre de belles cerises et autant de framboises, ôtez-en les noyaux et tout ce qu'il y a de verd dans ces fruits, exprimez-en le suc dans une terrine, passez ce suc dans un tamis, et laissez-le reposer pendant deux fois 24 heures dans une cave, après quoi retirez-en la peau qui se sera formée sur ce suc, et passez le suc par la chausse jusqu'à ce qu'il soit parfaitement clair. Le parfum de la framboise est assez volatil, il pourra bien arriver que votre suc n'en soit que très-faiblement imprégné; pour remédier à ce défaut, prenez une certaine quantité de framboises bien mûres, c'est-à-dire proportionnellement à la quantité de suc bien clarifié que vous aurez obtenu; mettez infuser ces framboises dans votre suc, pendant trois ou quatre jours, après quoi versez le tout dans un tamis de soie, laissez filtrer tranquillement la liqueur sans presser les framboises. Pour huit onces de ce suc prenez quinze onces de sucre concassé, mettez l'un et l'autre dans un matras, d'abord le sucre, ensuite le suc, placez le matras au bain-marie sur le feu modéré; quand le sucre sera tout à fait fondu, vous laisserez éteindre le feu et refroidir le vaisseau, après quoi vous verserez le syrop dans les bouteilles ou fioles longues destinées à cet usage.

Autre manière de faire le même syrop.

Préparez votre suc de fruit, comme nous l'avons dit; mais au lieu de la dose de sucre que nous avons prescrite, contentez-vous de mettre une demie-livre de sucre en poudre sur une chopine de suc, et au lieu de vous servir de matras, mettez tout simplement votre sucre et votre suc dans une poële à confiture; votre sucre étant bien fondu, donnez quelques bouillons couverts à votre syrop, retirez-le du feu, et étant presque refroidi, vous le mettrez en bouteilles.

Prenez deux livres de mûres, un peu avant leur parfaite maturité, parce que si vous attendiez qu'elles fussent parfaitement mûres, votre syrop serait trop fade, et pour être bon il doit être un peu aigrelet; réduisez en poudre deux livres de sucre, que vous mettrez dans une poële à confiture avec les deux livres de mûres, donnez-vous bien de garde d'écraser le fruit, votre syrop resterait trouble; mettez la poële et ce qu'elle contiendra sur un feu très-modéré, la chaleur fera bientôt créver les mûres qui, par ce moyen, rendront tout leur suc parfaitement clair, et ce suc dissoudra le sucre en poudre; faites prendre quelques bouillons au mélange, vous reconnoîtrez le juste degré de cuisson en faisant tomber d'un peu haut, et sur une assiette de faïence, du syrop que vous aurez pris dans une cuillère, s'il n'éclabousse point, et qu'il fasse comme une petit bourlet autour de l'endroit où il sera tombé, vous jugerez qu'il sera suffisament cuit. Retirez pour lors la poële du feu, et lorsque le tout sera à peu près réfroidi, vous le mettrez en bouteilles.

Syrop de mûres.

Prenez du verjus bien verd, écrasez-le dans une terrine, passez-le d'abord au tamis et ensuite par la chausse jusqu'à ce qu'il soit clair-fin; faites cuire ensuite trois livres de sucre à la petite plume ou au souflé, versez dans la poële et sur le sucre cuit au degré que nous venons de dire, six livres de suc de verjus; faites cuire le tout à très-grand feu, de crainte que votre syrop ne contracte un œil roux, faites-le cuire au perlé; étant cuit, retirez la poële du feu, laissez réfroidir votre syrop à demi, ensuite mettez-le en bouteilles.

Syrop de verjus.

Prenez des coings bien mûrs, rapez-en la chair, passez-la par un linge pour en exprimer le suc, laissez-le rasseoir au soleil ou dans un lieu chaud, jusqu'à ce qu'il ait déposé la fécule, passez-les pour lors par la chausse. Votre suc étant bien clarifié, vous prendrez une livre de sucre pour quatre onces de suc de coings; après avoir clarifié votre sucre avec de l'eau selon l'art, vous y verserez votre suc de coings, vous ferez cuire le tout au perlé; alors vous retirerez la poële du feu, et le syrop étant presque froid, vous le mettez en bouteilles.

Syrop de coings.

Prenez six belles pommes de reinette, pelez-les et coupez-les par petits morceaux, mettez-les dans un matras avec trois quarterons de sucre en poudre et deux verres d'eau, bouchez bien le matras et placez-le au bain-marie, où vous le laisserez pendant deux heures, le feu au degré

Syrop de pommes.

Syrop de pommes. de l'eau bouillante ; ayez soin de remuer de temps en temps le matras, sans le sortir de l'eau, ce qu'il faut faire adroitement, de crainte qu'il ne soit frappé de froid et qu'il ne se casse. Après deux heures de cuisson, laissez éteindre le feu et réfroidir le matras sans le sortir du bain. Quand le syrop sera presque froid, vous l'aromatiserez en y exprimant du suc de citron et en y ajoutant une cuillerée d'esprit de citron, ou, si vous l'aimez mieux une cuillerée d'esprit de canelle, ou bien de l'eau de fleur d'orange, ou enfin tel parfum qui vous plaira. Vous pourriez bien voir pour lors une espèce de fécule se précipiter au fond du matras ; laissez reposer le tout pendant quelques heures encore, après quoi vous versez bien doucement votre syrop dans les bouteilles ; il faut tâcher d'opérer avec assez d'adresse pour qu'il ne se trouble pas.

Syrop de cerises. Prenez des cerises noires aigres, si vous pouvez en avoir, si non, servez-vous de cerises communes, otez-en les noyaux et exprimez-en le suc, laissez reposer ce suc dans une terrine dans un lieu frais pendant 24 heures pour le clarifier ; versez pour lors votre suc par inclination dans une poële, ajoutez pour chaque livre de suc deux livres de sucre concassé et un quart-d'once de canelle que vous avez mis la veille infuser dans un verre d'eau ; enfermez la canelle dans un petit linge, et mettez ce petit sac avec l'eau dans laquelle vous l'avez infusé aussi dans la poële ; faites cuire votre syrop pendant une demi-heure, ayant soin de l'écumer ; quand vous jugerez qu'il aura assez cuit, retirez la poële du feu, enlevez le petit sac avec la canelle, exprimez-le bien, et quand le syrop sera bien réfroidi, vous le mettrez en bouteilles.

Syropviolat. Pilez, mais très-légèrement dans un mortier de marbre, et avec un pilon de bois, une livre de fleurs de violettes bien mondées de leurs queues et de leurs calices ; je vous conseille de choisir la violette des jardins, préférablement à la violette des champs ou des bois, bien inférieure à l'autre, et pour 'odeur, et pour la couleur, et pour la vertu ; ayant légèrement pilé vos fleurs, mettez-les dans une cucurbite de verre, que vous aurez eu soin de bien faire chauffer auparavant et par degré ; de crainte qu'elle ne casse, vu les circonstances de l'opération dont nous allons parler dans un instant ; ou si vous vous défiez de votre adresse, prenez un pot de faïence, dont l'ouverture ne soit pas bien large ; il faudra de même l'échauffer un peu avant que d'y mettre vos fleurs pilées; je recommande ici le verre ou la faïence, parce que les métaux pourraient nuire à la délicatesse que doit avoir le syrop; ils pourraient même lui communiquer des impressions dangereuses. Vos fleurs étant dans le vase convenable que vous aurez choisi, versez par-dessus deux livres d'eau bouillante; et c'est à cause de cette eau bouillante, que je vous ai conseillé de faire chauffer ou la cucurbite de verre, ou le pot de faïence, de crainte qu'ils ne cassent; bouchez exactement le vaisseau dans lequel vous avez mis vos fleurs infuser dans l'eau, placez-le sur la cendre chaude, et faites durer l'infusion pendant douze heures, après quoi passez l'infusion au travers d'une serviette; en la pressant fortement, vous en enlevez toute la teinture; laissez reposer ce produit pendant une bonne demi-heure, decantez la liqueur par inclinaison pour séparer un peu de fécule qui se sera précipitée au fond; pesez-la, vous en trouverez à peu près 17 onces; pour ces 17 onces, prenez deux livres de sucre concassé, mettez-le dans un matras de deux pintes au moins, versez par-dessus votre infusion de fleurs de violette, vous boucherez bien le matras, et vous le placerez au bain-marie, à un feu bien modéré; il faudra remuer de temps en temps le matras, sans le déboucher, pour accélérer la dissolution du sucre, et bien prendre garde qu'il ne soit frappé d'un froid subit, ce qui pourrait le faire casser. Votre sucre étant dissous, laissez éteindre le feu et réfroidir le matras; alors vous pourrez verser votre syrop dans l'espèce de bouteilles dont nous avons parlé.

Les syrops d'œillet, de fleurs d'orange, de coquelicot se font de même.

Prenez un bocal de verre ou bien une cruche de grès, faites infuser dans une pinte et demie ou deux pintes de bon vinaigre autant de framboise bien mûres et bien épluchées qu'il pourra y entrer, sans que le vinaigre surnage, après huit jours d'infusion, versez tout à la fois et le vinaigre et les framboises sur un tamis de soie; laissez librement passer la liqueur sans presser le fruit; (quelques-uns cependant écrasent le fruit, pour en exprimer le suc, et le mêlent avec le vinaigre; cette méthode n'est aussi pas mauvaise, elle augmente, selon moi, et la liqueur et la bonne saveur;) votre vinaigre étant bien clair et bien imprégné de l'odeur de la framboise, vous peserez votre vinaigre et prendrez pour chaque livre, deux livres de sucre royal, que vous concasserez grossièrement; vous le mettrez dans un matras, vous verserez votre vinaigre aromatisé, par-dessus, vous boucherez bien le matras, et vous le placerez au bain-marie, à un feu très-modéré, aussi-tôt que le sucre sera parfaitement fondu, laissez éteindre le feu, et votre syrop étant presque réfroidi, vous le mettrez en bouteilles, que vous boucherez bien.

Syrop de guimauve. Prenez six onces de racines de guimauve récente, lavez-les à plusieurs reprises pour bien en emporter toute la terre; ôtez-en la première écorce en les ratissant légèrement, coupez-les par tranches, faites-les bouillir dans quatre livres d'eau, sept ou huit minutes seulement, et pas davantage, par ce que les racines de guimauve en bouillant plus long-temps formerait un mucilage capable de gâter votre syrop; passez cette décoction par un tamis pour en séparer les racine; faites-y fondre six livres de sucre, clarifiez le mélange au blanc d'œuf, comme nous l'avons si souvent enseigné; écumez-le avec soin, faites-le cuire au petit perlé; alors retirez promptement la poële du feu, laissez réfroidir votre syrop, après quoi vous le mettrez en bouteille.

Syrop de capillaire. Le capillaire, et nous n'entendons parler ici que du capilaire de Canada, quoique celui de Montpellier soit tout aussi bon; le capillaire est un végétal qui contient un principe odorant, léger et fort agréable; ce principe extrêmement volatil, se dissipe en grande partie pendant la cuisson du syrop, de manière qu'après cela il ne reste guères que la partie extractive de la plante. Il faut donc, si l'on desire conserver à ce syrop l'odeur du capillaire; il faut, lorsqu'il est suffisament cuit, le verser tout bouillant sur du nouveau capillaire haché grossièrement, bien couvrir le vaisseau, et le laisser ainsi en infusion jusqu'à ce qu'il soit entièrement réfroidi; on le passe ensuite par une étamine, pour séparer le feuilles du capillaire; moyennant cette double infusion, le syrop contracte un goût et une odeur de capillaire qui embaume. Cette observation présupposée, prenez une once de capillaire de Canada, mettez-la dans une terrine vernissée, versez par-dessus quatre livres d'eau bouillante, laissez durer l'infusion pendant douze heures, et sur la cendre chaude; exprimez et coulez cette infusion; elle vous donnera une forte teinture de capillaire; faites fondre dans cette teinture quatre livres de sucre, mettez le tout dans une poële à confiture, que vous placerez sur le feu, et que vous clarifierez au blanc d'œuf, selon l'art; continuez la cuisson;

quand

quand votre syrop sera au perlé, versez-le promptement sur de nouveau capillaire haché, que vous aurez mis dans une terrine, couvrez bien cette terrine, et quand vous verrez que le syrop réfroidira, vous pourrez l'aromatiser, si c'est votre goût; en tout cas, ce n'est pas le mien; je préfère le parfum naturel du capillaire à tout les autres, du moins lorsqu'il est question de cette espèce de syrop; étant parfaitement réfroidi, mettez-le en bouteilles que vous boucherez bien. *(Syrop de capillaire.)*

Prenez cinq onces de zestes récens de citrons, mettez-les dans une cucurbite de verre, que vous aurez soin de bien échauffer auparavant, et par degré; si vous craignez de casser votre cucurbite, servez-vous d'un vaisseau de faïence, ou de terre vernissée, capable de résister au feu. Versez sur vos cinq onces de restes de citron, deux livres d'eau presque bouillante, bouchez le vaisseau exactement, et placez-le sur la cendre chaude pendant 12 heures; après ce temps, coulez l'infusion sans l'expression des restes, ajoutez deux livres de sucre en poudre grossière, faites cuire le tout jusqu'à ce qu'il soit au grand perlé; retirez pour lors votre syrop du feu et quand il sera à demi refroidi, vous augmenterez son parfum en y versant quelques goutes d'esprit de citron. *(Syrop d'écorces de citrons.)*

Les syrops de canelle, de grenade, de cerfeuille et de cresson se font de même.

Exprimez des citrons jusqu'à la concurrence de trois quarterons de suc; ce suc ne sera point clair, il aura un œil louche, occasionné par la fécule du fruit; pour séparer cette fécule de votre suc, laissez-le reposer quatre jours à la cave, après quoi passez-le par le papier gris, jusqu'à ce qu'il soit clair-fin; faites bien attention à ce qu'il ne moisisse pas, car il y est fort sujet. (C'est pour éviter ce désagrément qu'il faut bien se garder de ne prendre que des citrons dont l'extérieur soit parfaitement pur; une petite tache de moisi sur l'écorce a corrompu aussi le suc, et le suc d'un seul citron moisi vous gâteroit infailliblement tout votre syrop; de même il faut prendre garde qu'il n'y ait dans le nombre de citrons quelques-uns dont le suc soit amer, en ce cas, il faut les rebuter.) Votre suc étant clarifié, prenez une livre et demie de sucre royal, cassez-le en petits morceaux gros comme le pouce, mettez-le de la sorte dans un matras de quatre pintes au moins, versez par dessus votre sucre, le suc de citron, bouchez l'orifice du matras avec un papier, et placez-le sur le feu au bain-marie. Aussi-tôt que vous vous appercevrez de *(Syrop de citrons.)*

la dissolution complette du sucre, laissez éteindre le feu et réfroidir le matras; quand il sera presque froid, vous aromatiserez votre syrop avec deux cuillerées d'esprit de citron. Cela fait, vous verserez votre syrop dans des bouteilles ou fioles.

Syrop de punch.

Faites le syrop de citron indiqué ci-dessus, et lorsqu'il sera à peu près réfroidi, et aromatisé, vous y verserez une bouteille du meilleur rac ou rhum, au goût. Remuez bien le vaisseau pour faciliter l'union du syrop avec le rac, couvrez bien le vaisseau jusqu'à ce qu'il soit parfaitement réfroidi, mettez pour lors votre syrop dans des bouteilles.

Observation sur le punch.

Pour faire du punch, mettez dans un verre à punch autant de syrop que peut en contenir un petit verre à liqueur, versez là-dessus de l'eau bouillante et votre punch sera fait.

Punch aux œufs.

En Allemagne on aime fort à boire le punch aux œufs, qui se fait de la manière suivante : Mettez dans un verre ordinaire à punch, un petit verre de syrop de punch, et le jaune d'un œuf, battez cela bien ensemble, avec une petite cuillère, et remplissez pour lors le verre avec de l'eau bouillante en le remuant un peu. Cette sorte de punch est délicieuse, et sur-tout en hiver, fort agréable et échauffante.

Syrop d'orgeat.

Prenez une livre et demie d'amandes douces et une demi-livre d'amandes amères, jettez-les dans l'eau bouillante, mais hors du feu; il faut les y laisser tremper jusqu'à ce que la peau puisse s'en séparer facilement; versez-les pour lors dans l'eau fraîche, et après quelques minutes épluchez-les, et après les avoir lavées dans l'eau fraîche, pilez-lez dans un mortier de marbre, en y jetant de temps en temps une petite portion d'une pinte d'eau, dont le reste doit vous servir dans le cours de l'opération; pilez bien vos amandes jusqu'a ce que l'on n'apperçoive aucun fragment d'amandes; délayez cette pâte avec la plus grande partie de la pinte d'eau dont nous venons de parler; réservez-en seulement six onces ou environ; passez la pâte délayée au travers d'une toile forte, au moyen de deux personnes qui l'exprimeront fortement; remettez le marc exprimé dans le mortier, pilez-le de nouveau en ajoutant, peu à peu, le reste de l'eau que vous avez réservée; passez de nouveau le mélange par le linge, et tirez-en tout ce que vous pourrez par expression; mêlez vos deux produits ensemble, et c'est ce qu'on appelle lait d'amandes.

Mettez ce lait dans un matras dont le tiers au moins demeure vuide, ajoutez deux livres de sucre pilé grossièrement, et demi-chopine d'eau de fleurs d'orange , et placez le tout au bain - marie, après avoir bien bouché le matras. Lorsque le sucre sera dissous entièrement, ce que vous accélérerez en remuant de temps en temps le matras avec précaution , vous laisserez éteindre le feu ; et lorsque le vaisseau sera réfroidi, vous le mettrez en bouteille.

Au lieu de vous servir de matras, si vous n'en avez pas, ou si vous vous défiez de votre adresse, vous pourrez préparer votre syrop d'orgeat d'une autre manière. Faites cuire la dose de sucre prescrite dans une poële à confiture, et à la forte plume ; alors jetez-y votre lait d'amande, faites lui prendre un ou deux bouillons tout au plus, et retirez-le sur le champ du feu; étant presque réfroidi , vous l'aromatiserez avec une demi-chopine d'eau de fleurs d'orange.

Il y a une autre manière de cuire le syrop d'orgeat, de laquelle je me suis trouvé toujours fort bien. J'ai mis toujours mon lait d'amande dans la poële avec du sucre royal, pilé, sans clarifier et cuire le sucre auparavant dans de l'eau ; le syrop ayant commencé à bouillir, j'ai ajouté une tasse à café pleine d'eau de fleurs d'orange, et après deux ou trois bouillons, j'ai retiré la poële du feu, et après l'avoir laissé réfroidir , je l'ai mis dans de petites bouteilles bien bouchées. J'avais des flacons de syrop d'orgeat, fait d'après cette recette; qui se sont conservés parfaitement pendant huit à dix années, sans éprouver le moindre changement dans ses bonnes qualités , et deux ou trois petites cuillerées à café de ce syrop, ont toujours suffi pour faire une demi-chopine de bon orgeat.

De quelque manière que vous vous y preniez pour faire cette espèce de syrop, vous verrez au bout d'un certain temps que ce syrop se partage en deux parties; la partie inférieure devient claire et transparente, et la partie supérieure reste blanche comme du lait, et opaque. N'allez pas vous imaginer en voyant cela que votre syrop est gâté ; non , c'est ainsi qu'il doit être lorsqu'il est bien fait. Lorsque vous voudrez faire usage de votre syrop, il faudra bien remuer votre bouteille du haut en bas , afin de mêler exactement la partie supérieure avec la partie inférieure : il faudra même répéter ce mélange sans avoir dessein de faire usage de votre syrop, et cela pour empêcher que la partie supérieure, trop long-temps privée de sucre, ne moisisse.

Observations sur les Syrops.

Les syrops ayant été préparés avec toutes les précautions que nous avons indiquées, pourront se conserver plusieurs

Syrop d'orgeat.

Autre manière de faire le syrop d'orgeat.

Observations sur les syrops.

années. Quelque temps après avoir été faits, on pourra remarquer dans quelques-uns, un léger mouvement de fermentation, il ne faut pas s'en alarmer ; si d'ailleurs le syrop a été
bien préparé, ce mouvement n'aura point de suite, dans peu
il disparoîtra. Il ne sera pas de même, si les syrops ont été
préparés avec négligence ; la fermentation pourra devenir
si violente que les syrops se gâteront à ne pouvoir jamais
servir. Cet accident fâcheux peut avoir plusieurs causes : tels
sont sur-tout, des sucs mal épurés, une cuisson trop foible
ou trop forte, des doses de sucre excessives ou insuffisantes :
quand quelques-unes de ces négligences ont eu lieu, les alté-
rations ne tardent pas à s'annoncer ; on voit les syrops se
troubler, devenir mousseux, ils écument et perdent insen-
siblement toutes leurs bonnes qualités, au point de n'être
plus reconnoissables.

J'ai indiqué à chaque recette des précautions qu'il falloit
prendre pour éviter ces sortes d'accidens, et auxquels je ne
connois point de remèdes, que de travailler de nouveau les
syrops, dès que l'on commence à y remarquer quelque
défaut essentiel. Il faudra donc promptement les faire recuire,
ou pour diminuer la dose du sucre, ou pour l'augmenter,
ou enfin pour les épurer des fécules qu'on y avoit laissées
dans la première préparation ; travail ingrat, souvent infruc-
tueux, sur-tout s'il s'est formé une moisissure qui ait communiqué un mauvais goût à toute la masse du syrop, ou bien
si les syrops ont passé de la fermentation vineuse à la fermentation acéteuse ; quand ils sont parvenus à ce dernier
degré d'altération, il n'y a plus rien à faire, tout est déses-
péré. Il n'en est pas de même d'une petite pellicule blanche
que l'on pourra remarquer sur la surface des syrops con-
tenus dans des bouteilles entamées, c'est une espèce de petite
moisissure qui ne provient pas de ce que les syrops ont été
mal faits, mais d'un peu d'eau qui s'est trouvée dans les bouteilles, et qui ne sauroit tirer à conséquence. Un excès de
sucre, ou de cuisson, peut occasionner des ravages bien plus
considérables ; le syrop, dans l'un et l'autre cas, entre à la
vérité plus difficilement en fermentation, mais elle est, tôt
ou tard inévitable, et lorsqu'elle vient une fois à commencer, les progrès en sont rapides et les suites terribles ; le
syrop acquiert une force expansive si grande, qu'il chasse
les bouchons avec violence et se répand en dehors en forme
de mousse, ou si les bouchons sont assez bien arrêtés pour
résister à ce premier effort, dans la suite il rompt les bouteilles avec éclat et en mille pièces. Que l'on juge par ces
effets de la précaution qu'il faut prendre pour bien préparer
les syrops.

Mais supposons que l'on n'ait rien à se reprocher touchant ce dernier article, et que les syrops aient été préparés avec le plus grand soin, il ne faut pas compter pouvoir les conserver pendant un temps plus considérable, (excepté cependant le syrop d'orgeat préparé selon la dernière recette), à moins que l'on ne prenne de nouvelles précautions; elles ne sont, ni en grande quantité, ni fort difficiles : nous allons indiquer celles qui nous ont paru de quelque importance.

Il ne faudra mettre vos syrops que dans des bouteilles d'un très-petit diamètre, parce qu'étant obligé de les laisser en vuidange, moins votre syrop aura de surface, moins l'air pourra agir sur lui. Ainsi, ces bouteilles d'une forme oblongue, ne doivent point excéder le diamètre de deux pouces, et seront à peu près de la continence de six à huit onces.

Quelque temps après que les syrops auront été faits, il faudra déboucher toutes vos bouteilles, pour enlever avec une plume une petite pellicule, souvent moisie, qui se sera formée entre le bouchon et la surface du syrop.

Il faudra enfin, autant que les circonstances pourront le permettre, placer vos bouteilles de syrop dans un endroit d'une température à peu près égale dans toutes les saisons, ni trop froide ni trop chaude. Au défaut d'un endroit semblable, pour plus de sûreté, il faudra placer vos bouteilles à la cave. Voilà à peu près tout ce que l'expérience et les bons artistes m'ont appris touchant la préparation et la conservation des syrops. Si l'on suit avec exactitude ce que j'ai proposé, j'ai tout lieu de croire que l'on ne sera pas mécontent de mon travail.

SUPPLÉMENT.

Des Glaces, et de quelques Ratafiats étrangers d'une grande renommée et délicatesse, et que l'on peut faire facilement et sans avoir l'embarras de la distilation.

Des ustensiles nécessaires pour faire les glaces.

Avant de traiter de chaque espèce de glaces en particulier, nous parlerons quelque mots sur les ustensiles et sur le procédé général, qui est le même pour toutes espèces de glaces; il y a deux sortes de boîtes à glaces en fer-blanc et en étain; les artistes ne sont pas trop d'accord à laquelle donner la préférence. Une longue expérience m'a fait préférer celle faite du meilleur étain d'Angleterre sur ceux en fer-blanc; il est vrai que les boîtes en fer-blanc sont beaucoup meilleur marché, et que le contenu y gèle beaucoup plus facilement et en peu de temps ; mais c'est précisément par cette dernière raison que je désaprouve leur usage ; car, la matière contenue dans ces boîtes, en gelant trop vîtement, devient rude et pleine de morceaux durs, semblables à la grêle, sur-tout si l'on ne se donne pas assez de peine pour le travailler fréquemment avec la spatule, et de plus ne sont pas d'une longue durée, parce que l'acide du sel réuni avec le mouvement continuel de cette machine, corroderont le meilleur fer-blanc en peu de temps ; les boîtes d'étain, au contraire, sur-tout celles de l'étain le plus pur, auront l'avantage double et supérieur sur les autres, de se conserver en très-bon état, pendant un laps considérable de temps, et par-là même que la crême y contenue y gêle au commencement très-lentement et peu-à-peu, votre glace sera beaucoup plus douce et agréable ; de plus il faut avoir un ou plusieurs seaux ou cuves profondes, munis tout en bas d'un robinet, et une spatule en bois, trois-quart de pieds de long. Etant munis de tous ces ustensiles et ayant préparé la crême que l'on se propose de glacer, on remplit un des seaux avec de la glace concassée en morceaux : semez-les avec quatre bonnes poignées de sel par seau, mettez la boîte fermée de son couvercle, et contenant la crême dans le seau rempli de glace, de manière que celle-ci environne votre boîte de tous côt's ; ayez soin de verser encore une ou deux poignées de sel autour de la boîte, et laissez-la reposer pendant un quart-d'heure. Ouvrez pour lors la boîte, et sans la prendre hors du seau, vous repousserez avec la spatule ce qui se sera glacé au fond et aux côtés de la boîte. vous remuerez et mê erez bien pendant un demi-quart d'heure la partie gelée de votre crême avec la partie liquide ; cela fait, fermez-la avec le couvercle ; prenez l'anse de cette boîte dans la main et agitez la en tournant, de manière que la boîte soit en mouvement perpétuel en dansant autour d'elle, et cela pendant un bon quart d'heure. Ouvrez alors pour la seconde fois la boîte ; repoussez avec la spatule, comme la première fois, la glace des côtés de la boîte, et incorporez-la bien avec le fluide, de manière que toute votre crême soit parfaitement égale et sans aucuns fragmens durs de glace ; refermez la boîte et continuez de tourner et de remuer alt rnativement, jusqu'à ce que la crême soit en glace assez ferme et assez compacte ; ayez soin, pendant l'opération, de faire passer de temps en temps l'eau qui se sera amassée au fond du seau, par le petit robinet et de comprimer ensemble les morceaux de glace autour de la boîte. Si vous voulez faire votre glace en formes, comme de fromage, de beure, de melon, etc. vous la remplirez dans des formes en fer-blanc, que vous fermerez de leur couvercle et vous les mettrez dans de la glace pilée. Si vous voulez servir votre fromage à la crême, trempez la forme dans de l'eau chaude, retirez-la promptement, de peur que la glace ne se fonde, essuyez-la avec un linge; ouvrez ensuite la forme que vous renversez sur une assiette pour y laisser la glace, et servez-la promptement. Ce procédé est le même pour toutes sortes de glaces; la différence entr'eux consiste uniquement dans la manière de préparer les crêmes ou liqueurs que l'on veut glacer; en voici la description.

Prenez deux pintes de la meilleure crême douce que vous pourrez avoir, mettez-la au feu pour qu'elle bouille. Pendant ce temps prenez douze œufs, fouettez-en les blancs dans une poële à confiture avec un petit balai de bouleau; vos blancs d'œufs étant en consistance de neige très-compacte, vous y verserez huit jaunes d'œufs et une livre de sucre royal en poudre très-fine; l'ayant bien remué ensemble avec le balai, vous y verserez peu-à-peu votre crême bouillante. Ayez grand soin de bien fouetter le mélange que vous metterez pour-lors sur le feu; ne discontinuez pas de la fouetter, jusqu'à ce qu'il ait fait trois ou quatre bouillons, enlevez la poele pour lors du feu, versez la crême dans un tamis sous lequel se trouve une terrine de faïence; remuez le mélange un peu sur le tamis, afin d'en faciliter le passage; tout étant passé et entièrement réfroidi dans la terrine, vous le mettrez dans la boite à geler, vous y ajouterez deux ou trois verres de véritable marasquin d'Italie; fermez promptement la boîte afin que la liqueur ne s'évapore pas, et mettez-le dans le seau rempli de glace, dans lequel vous le glacerez comme il est dit ci-dessus.

Glaces au marasquin.

Prenez la même dose d'ingrédiens comme ci-dessus, préparez-les selon la même méthode, hormis qu'en mettant le tout sur le feu, vous y verserez une demi-once de vanille concassée grossièrement; vous ferez prendre à votre mélange en le remuant, trois ou quatre bouillons, puis vous le passerez par le tamis, et étant réfroidis vous le ferez glacer.

Glaces à la vanille.

Prenez une demi-once de véritable café moka torrifié, faites-le bouillir, sans le moudre, dans deux bouteilles de crême. Pendant ce temps, préparez vos œufs et le sucre comme il est dit à la première recette; versez-y pour lors votre crême bouillante et continuez le procédé décrit.

Glaces au café.

Glaces au thé. C'est la même recette ; mais au lieu du café , vous prendrez un quart-d'once du meilleur thé , que vous envelopperez dans un petit linge ; après l'avoir fait bouillir dans la crême, vous retirerez le linge en l'exprimant fortement.

Glaces aux macarons amers. Prenez quatre onces de vieux macarons amèrs, pilez-les dans un mortier, et votre neige étant mêlée au sucre et à la crême, comme il est dit plus haut, et prête à être mise sur le feu ; vous y verserez votre poudre de macarons ; ensuite faites-le bouillir, passer par le tamis et glacer selon la règle.

Glaces au chocolat. Faites dissoudre et cuire un quarteron de chocolat dans un demi-septier d'eau, versez-le ensuite dans la crême, avec laquelle vous lui ferez faire six bouillons en le remuant ; ensuite vous le mêlerez avec la neige et le sucre, fouetterez, ferez bouillir et passerez par le tamis, comme j'ai dit plus haut ; vous pourrez aussi verser un peu de vanille dans la crême si vous voulez.

Glaces au citron, à la crême. Prenez deux beaux citrons, frottez-les avec l'écorce jaune sur un grand morceau de sucre, afin que tout le jaune se transporte sur le sucre ; rapez ensuite avec un couteau l'écorce adhérente au sucre sur un papier. Ayant préparé votre neige, et la crême y étant déjà mêlée, vous y ajouterez encore vos écorces de citron ; faites prendre à ce mélange trois bouillons seulement, en le remuant toujours bien , ensuite passez-le par un tamis.

Glaces de citrons au vin. Prenez de beaux citrons sains et sans aucun défaut , exprimez le suc jusqu'à l'occurence d'une demi-livre, clarifiez ces 8 onces de suc en le passant par du papier brouillard. Prenez ensuite une livre et demie de sucre royal, faites-le bouillir avec une bouteille de bon vin blanc et une demi-bouteille d'eau ; ayant jetté trois à quatre bouillons, vous y verserez le suc de citron clarifié , et après trois à quatre bouillons encore, vous y verserez autant de teinture de safran, qu'il faut, pour que la liqueur en recoive une belle couleur jaune ; passez-la ensuite par un tamis, et étant réfroidie, vous la glacerez selon la règle.

Prenez de belles framboises, exprimez-en le suc jusqu'à l'occurence d'une livre et demie, mettez ensuite ce suc dans une terrine vernissée , dans la cave ou autre endroit frais, oubliez le pendant quatre jours. Ce terme expiré, vous enlevez avec précaution la pellule qui se sera fermée et vous verserez votre suc doucement par inclination dans un autre vase. Ensuite faites clarifier une livre et demi de sucre avec une bouteille et demi d'eau dans une poële à confiture, ajoutez-y pour-lors votre suc, et faitez-le prendre une sixaine de bouillons avec le syrop. Si la liqueur ne nous paraît pas assez rouge, vous y verserez une racine d'orcanette, laquelle il faudra laisser dans la liqueur jusqu'à ce qu'elle soit assez rouge ; passez-la pour lors par un tamis, et étant refroidi, vous la mettrez dans la boîte à geler, et vous la ferez glacer comme de coutume.

Nota. Ayez soin de faire, autant que possible, toutes ces opérations à couvert, de crainte que le parfum très - volatil de la framboise ne s'évapore.

Prenez une livre d'écorces d'oranges communes sèches (on l'appelle en quelques endroits cuirasseau) ôtez-en avec un couteau tout le blanc, mettez ensuite ces écorces jaunes dans une cruche de grès ou dans un grand flacon de verre, versez par-dessus huit bouteilles de la meilleure eau-de-vie, d'Hollande bouchez exactement le vaisseau et exposez-le pendant l'été au fort soleil, ou si c'est en hiver vous la mettrez près d'un poële. A quelle espèce de chaleur que vous l'exposerez, il faudra la laisser en infusion pendant quinze jours, ayant soin de secouer tous les jours la cruche ou le flacon. Ce terme expiré, vous verserez par inclinaison l'eau-de-vie de cette cruche dans un autre grand flacon de verre ; mettez dans ce flacon trois livres de sucre candis, le plus brun et commun qu'il vous sera possible de vous procurer, ayez soin de casser ce sucre candis en petits morceaux, avant de le jeter dans le flacon. Bouchez et ficelez bien votre flacon ; mettez-le pendant quelque temps dans un lieu chaud, et secouez souvent le flacon, afin d'accélérer la dissolution du sucre, et de le mêler à l'eau-de-vie. Le sucre étant entièrement dissous, vous passerez cette liqueur, qui sera fort trouble, à divers reprises par la chausse, ou encore mieux, par l'entonnoir à filtrer, garni de papier brouillard, et fermé de son couvercle, pour empêcher l'évaporation de l'esprit. Votre liqueur étant parfaitement claire, vous la remplirez en bouteilles que vous aurez soin de mastiquer. — En employant à la place de l'eau-de-vie, quatre bouteilles d'esprit-de-vin et autant d'eau commune, votre liqueur recevra un tel degré de finesse, qu'il seroit difficile, même à un connoisseur, de la distinguer des liqueurs obtenues par la voie de la distillation ;

Manière de faire le véritable cuirasseau.

L

Ratafiat de girofle de Dantzik superfin.

Prenez trois quart-d'onces de cloux de girofle et autant de canelle, brisez la canelle en petits morceaux et mettez-la avec le girofle dans un verre, rempli d'un demi-setier d'eau, couvrez bien le verre et laissez tranquillement infuser pendant 24 heures. Le lendemain, faites clarifier deux livres de sucre royal dans une bouteille d'eau, faites cuire votre syrop jusqu'au degré du soufflé ; étant à ce point, vous ajouterez à ce syrop quatre bouteilles du meilleur vin rouge de Bordeaux ; ensuite prenez le verre dans lequel vous avez mis en infusion vos épices ; passez l'infusion par un linge dans le syrop et vin ; mettez les épices dans un petit sachet fait d'un linge propre, fermez le petit sachet avec un fil, et mettez-le de même dans la liqueur ; couvrez la poële et faites prendre à votre liqueur une sixaine de bouillons. Otez-la pour-lors du feu, versez-la dans une terrine de fayence, et laissez-la refroidir à couvert. Le soir ou le lendemain, si votre liqueur est parfaitement froide, vous en oterez le petit sachet aux épices ; vous aurez soin de l'exprimer fortement sur la terrine. Prenez ensuite une bouteille du meilleur esprit-de-vin rectifié, dans une main et une cuiller dans l'autre ; versez peu-à-peu de l'esprit-de-vin dans la liqueur, remuez bien le mélange, et goutez très-souvent votre liqueur, sitôt qu'elle vous paraît assez spiritueuse vous cesserez de verser de l'esprit-de-vin. Croyez-vous qu'il manque du sucre, mettez-en encore quelques morceaux dans la liqueur. Etant au ton convenable vous la metterez en bouteilles que vous aurez soin de bien boucher ficeller et mastiqner. Plus long-temps qu'elle sera gardée dans une cave meilleure elle deviendra. C'est une des liqueurs les plus agréables et des plus fines qu'on puisse avoir. C'est autant par ces raisons, que sa salubrité qu'elle qu'elle est en grande renommé dans les pays du Nord, où on l'estime plus que les liqueurs des iies.

Eau des sept graines.

Prenez des semences d'anis, du cassis, du carvi, du cumin, du fenouil, de l'asche ou du persil, de l'ammi, du panais sauvage, et de l'amome ; de chaque graine deux ouces, ce qui vous donnera à peu près une livre en tout ; pilez ces graines dans un mortier, mettez-les infuser pendant six semaines dans neuf pintes d'eau-de-vie ou dans quatr pintes et demie d'eau commune et autant du meilleur esprit-de-vin, si vous voulez avoir votre liqueur plus fine ; ajoutez trois livres et demie de sucre ; ayez soin de le casser en morceaux gros comme le poing, et de tremper chaque morceau dans l'eau commune avant que de le jeter dans l'eau-de - vie, bouchez bien votre cruche ou flacon , l'infusion achevée au terme prescrit, passez votre ratafia par la chausse; plus il sera gardé, meilleur il deviendra.

Nous terminons cet ouvrage par cette recette : j'ai éprouvé par expérience que ce ratafia n'est célèbre qu'avec raison , étant carminatif, aspiratif et stomacal. Aucune liqueur n'est plus recommandable après un repas que celle-ci. Une infinité de personnes qui en ont été soulagées dans des indigestions et douleurs d'estomac, ne cessent de déposer en sa faveur. Sa plus grande vertu est d'expulser les vents par haut et par bas ; et ces effets sont si prompts, qu'il est impossible de ne pas les reconnoître. Outre ces propriétés généralement reconnues, ce ratafia en possède encore d'autres , dont chacun en peut éprouver les effets bienfaisans en faisant usage de cette liqueur.

De ses vertus.

F I N.

TABLE

DES MATIERES.

Des confitures au four.

FIN DE LA TABLE.

9 782329 473260